授業をグーンと楽しくする英語教材シリーズ50

小学校英語
帯活動&
単元・学期末の
タスク活動
アイデアワーク

野坂良太 著

明治図書

Preface　はじめに

　小学校学習指導要領に外国語教育に関わる文言が初めて登場したのは，平成10年（平成14年度全面実施）です。その後，平成21年の改訂（平成23年度全面実施）で，高学年に外国語活動が設置され，平成29年の改訂で中学年に外国語活動，高学年に外国語科が新設となり，令和2年度の全面実施で，外国語教育はまた新しい局面を迎えました。

　教育現場では大きな転換期を迎え，同時に，社会では情報化が進み，国際社会がますます複雑化する中で，教育の役割も変化し続けています。

　小学校における外国語教育の重要性が急速に高まっていることは，皆さんも日々の授業の中で感じているのではないでしょうか。外国語指導は，もはや特別なスキルではなく，すべての教員にとって不可欠なものになりつつあります。

　しかし，現実には，多くの小学校教諭の方々が外国語指導に対して不安を抱えているのも事実です。

> 「英語が得意ではない」
> 「自分の発音が正しいのか自信がない」
> 「そもそもどうやって教えたらいいのか分からない」

　こうした悩みを抱えている方は少なくありません。特に，英語を専門としない教員にとって，外国語指導が大きな負担に感じられることが多いと思います。

　私は現在，教育委員会にて指導主事をしておりますが，中学校の英語科教諭です。私の最初の授業は，まさに手探り状態でした。教科書に載っていることをそのまま子どもたちに伝えたり，単語の意味を問うたり，これが学びになっているのかという不安がありました。どうすれば，子どもたちが自然に英語を言語として習得し，楽しんで授業に参加してくれるのか。それが私の一番の課題でした。

　しかし，時間をかけて試行錯誤する中で，ある一つの大切なことに気が付きました。それは，子どもたちは英語の learner ではなく，user であるべきだということです。授業では「教科書を教える」のではなく，「教科書で教える」という視点をもつことの重要性にも気が付きま

した。そうした視点をもつことにより，幅の広い指導をすることを心がけるようになったと思っています。

　これらの視点から，やはり授業の導入は「英語を使う」ことから始めるべきだと思います。それも静的ではなく，動的導入です。ただ座って教師の英語を聞いたり，英語を読んだりするだけではなく，子どもたちが英語を発信したり受信したりするインタラクティブなやり取りが重要だと思います。そうしたやり取りの中での「気付き」を授業の中で学びにしていくのです。私はそうしたイメージをもって授業に取り組んでいましたが，一貫性のない授業や単発的なものだけでは，実現できないと思います。

　そこで，本書では Survival English を帯活動として活用することで，学びの定着を図り，授業の動的導入を実現することが可能であると考えています。そして，これは児童の学びが進むにつれて，やり取りする際の拠り所になるとも考えております。

　また，本書の Survival English を先生方のオリジナルにしていただくことも可能だと思います。この Survival English は，単元を学習する間，段階的に負荷をかけながら使用していくので，毎時間の授業準備の負担軽減にもつながるのではと思っています。

　毎時間の授業の導入に帯活動を設定することで，単元を通して授業に「つながり」をもたせ，教科書の内容にも「つながり」をもたせました。より関連性の高い言語活動に取り組ませながら，英語の習得が図られると考えています。

　しかし，本書はまだまだ発達途上にあります。これからさらに磨きをかけ，何が児童にとってベストなものか追究する必要があると思っています。

2025年1月

野坂良太

本書の使い方

Chapter 1

帯活動，タスク活動を始める前に目を通しましょう。2章以降をスムーズに進めるための必要な基礎知識を確認できます。2章以降の帯活動，タスク活動を進めながら，随時確認することもできます。

Chapter 2-3

第5学年・第6学年のSurvival Englishを使った帯活動，単元のタスク活動を16プランご紹介します。

言語材料

この活動のKey QuestionsとKey Sentencesを示しています。

授業のねらい

この単元のねらいや概要を説明しています。

単元指導計画

全時間の授業内容を示しています。帯活動，教科書の内容理解，単元のタスク活動の組み合わせ方が一目で分かります。

············ Introduction ············▶

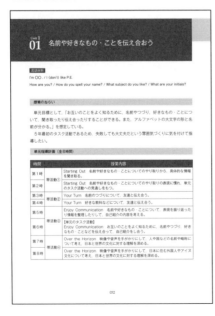 

単元のタスク活動

単元内に行うタスク活動の概要と流れ（手順），ルーブリックを示しています。

Survival English（ワークシート）

1単元につき1枚，帯活動の時間に繰り返し使用します。既習事項と未習事項，また単元のタスク活動も踏まえて，この単元で身に付けたい英語表現を掲載しています。

TASK シート（ワークシート）

単元のタスク活動で使用します。帯活動で習得した知識を活用できるようにデザインしています。

Chapter 4

第5学年・第6学年の学期末のタスク活動を6プランご紹介します。

授業のねらい，単元指導計画，学期末のタスク活動の概要と流れ，ルーブリックのほか，評価規準例もご紹介します。TASK シート（ワークシート）も掲載しています。

········ **Survival English**（帯活動）········ **TASK シート**（単元のタスク活動）········

Contents 目次

はじめに　p.002
本書の使い方　p.004

Chapter 1
Survival English による帯活動と英語授業づくり

01	外国語活動・外国語科の目標	p.012
02	帯活動を設定した授業構成と単元構成	p.016
03	帯活動と Survival English	p.018
04	単元のタスク活動と学期末のタスク活動	p.024
05	ICT の活用	p.026
06	バックワードで考える授業デザイン	p.027

資料　第5・6学年の単元のタスク活動一覧

Chapter 2
第5学年　Survival English &
単元のタスク活動アイデア

01　【Unit 1】名前や好きなもの・ことを伝え合おう ････････････ p.032
　　　言語材料　I'm ○○. / I (don't) like P.E.
　　　　　　　　How are you? / How do you spell your name? / What subject do you like? / What are your initials?
　　　Survival English・TASK シート

02　【Unit 2】誕生日やほしいものを伝え合おう ･･･････････････ p.036
　　　言語材料　My birthday is .... / I want a new guitar for my birthday.
　　　　　　　　When is your birthday? / What do you want? / What do you want for Christmas? / What event do you like?
　　　Survival English・TASK シート

03　【Unit 3】できることを伝え合おう ････････････････････････ p.040
　　　言語材料　I like soccer. / Yes, I can. / No, I can't. / You can play soccer well.
　　　　　　　　What sport do you like? / Can you play badminton? / Can you cook well? / Can you do this?
　　　Survival English・TASK シート

04　【Unit 4】身近な人について紹介し合おう ･････････････････ p.044
　　　言語材料　This is my picture. / This is my brother.
　　　　　　　　What's this? / Who is this? / Can you play the piano?
　　　Survival English・TASK シート

05　【Unit 5】場所をたずねたり，案内したりしよう ･･････････ p.048
　　　言語材料　I like pandas. / Go straight for one block. / We have a big zoo.
　　　　　　　　What animal do you like? / Where is the gym? / What do you have in your town?
　　　Survival English・TASK シート

06　【Unit 6】ていねいに注文したり，値段をたずねたりしよう ･･････ p.052
　　　言語材料　I like tea. / It's 980 yen, please.
　　　　　　　　What drink do you like? / How much is it?
　　　Survival English・TASK シート

07　【Unit 7】日本の素敵な場所をグループで紹介しよう ------------ p.056
　　言語材料　I like spring. / I want to swim in the sea.
　　　　　　What season do you like? / What do you want to do in Okinawa?
　　Survival English・TASK シート

08　【Unit 8】あこがれの人について紹介し合おう ------------ p.060
　　言語材料　My hero is …. / He is good at playing tennis.
　　　　　　Are you active? / Who is your hero? / Are you good at playing baseball?
　　Survival English・TASK シート

Chapter 3
第6学年　Survival English &
単元のタスク活動アイデア

01　【Unit 1】好きなものや宝物などについて紹介し合おう ----------- p.066
　　言語材料　My treasure is …. / It's from …. / I like ….
　　　　　　What is your treasure? / What sport do you like?
　　Survival English・TASK シート

02　【Unit 2】日常生活について紹介し合おう --------------------- p.070
　　言語材料　I usually get up at …. / I go to bed at ….
　　　　　　What time do you get up? / What time do you go to bed?
　　Survival English・TASK シート

03　【Unit 3】週末にしたことを伝え合おう ----------------------- p.074
　　言語材料　It was fun. / I enjoyed taking pictures.
　　　　　　How was your summer vacation? / What did you do?
　　Survival English・TASK シート

04　【Unit 4】世界の行きたい国について紹介し合おう --------------- p.078
　　言語材料　I want to go to Australia. / I want to eat big hamburgers.
　　　　　　Where do you want to go? / What do you want to eat?
　　Survival English・TASK シート

05　【Unit 5】世界とのつながりを考え，グループで発表しよう ------ p.082
　　　言語材料　Vietnam is in Asia. / It's from ....
　　　　　　　Where is Vietnam? / Where is your water bottle from?
Survival English・TASK シート

06　【Unit 6】生き物のためにできることを発表し合おう ------------- p.086
　　　言語材料　Lions live in the savanna. / We can use eco bags.
　　　　　　　Where do lions live? / What can we do for the sea turtles?
Survival English・TASK シート

07　【Unit 7】小学校生活の一番の思い出を伝え合おう -------------- p.090
　　　言語材料　I like sports day. / It was fun.
　　　　　　　What school event do you like? / How was your school trip?
Survival English・TASK シート

08　【Unit 8】中学校生活や将来の夢について伝え合おう ------------ p.094
　　　言語材料　I want to be .... / I want to join the tennis club.
　　　　　　　What do you want to be? / What club do you want to join?
Survival English・TASK シート

Chapter 4
第5・6学年 学期末のタスク活動アイデア

01　【第5学年1学期】好きなものや宝物などについて紹介し合おう ---- p.100
TASK シート

02　【第5学年2学期】この町のよさを知ってもらおう ---------------- p.103
TASK シート

03　【第5学年3学期】日本のよさを知ってもらおう ------------------ p.106
TASK シート

04	【第6学年1学期】私の最近のニュース ・・・・・・・・・・・・・・・・・・・・・・・・・・ p.109
	TASK シート

05	【第6学年2学期】地球のためにできること ・・・・・・・・・・・・・・・・・・・・ p.112
	TASK シート

06	【第6学年3学期】卒業に向けて ・・・・・・・・・・・・・・・・・・・・・・・・・・・・・・ p.115
	TASK シート

Chapter 1

Survival English による
帯活動と英語授業づくり

01 外国語活動・外国語科の目標
p.012

02 帯活動を設定した授業構成と単元構成
p.016

03 帯活動と Survival English
p.018

04 単元のタスク活動と学期末のタスク活動
p.024

05 ICT の活用
p.026

06 バックワードで考える授業デザイン
p.027

01 外国語活動・外国語科の目標

外国語活動・外国語科

平成29年改訂の学習指導要領では，小学校中学年に外国語活動，高学年に外国語科が新設されました。中学年の「外国語活動」では，「聞くこと」，「話すこと［やり取り］」，「話すこと［発表］」の3領域で，音声面を中心とした外国語を用いたコミュニケーションを図る素地を育成し，高学年の「外国語科」では，「読むこと」，「書くこと」を加えた5領域の言語活動を通じてコミュニケーション能力の基礎となる力を育成することを目標としています。

外国語によるコミュニケーションにおける見方・考え方

現在では，教育現場に生成AIが導入されるなど，情報化，グローバル化などの急激な社会変化の中で，児童生徒に未来を切り拓くための資質・能力を確実に育成することが，学習指導要領に掲げられています。その実現に向けて，知識・技能を既習のものと結び付けて社会の中で生きて働く知識・技能として習得させるとともに，それらを活用して思考し，判断し，表現したり，どのように社会や世界と関わるのか考えたりすることができる能力を養うために，「主体的・対話的で深い学び」の視点で授業の充実・改善を図ることが必要であるとされています。

育成すべき資質・能力の三つの柱

- **学びに向かう力，人間性等**
  どのように社会・世界と関わり，よりよい人生を送るか

- **知識・技能**
  何を理解しているか
  何ができるか

- **思考力・判断力・表現力等**
  理解していること・できることをどう使うか

出典：「新しい学習指導要領の考え方」（文部科学省）

外国語によるコミュニケーションにおける見方・考え方

> 「外国語で表現し伝え合うため，外国語やその背景にある文化を，社会や世界，他者との関わりに着目して捉え，コミュニケーションを行う目的や場面，状況等に応じて，情報を整理しながら考えなどを形成し，再構築すること」であると考えられる。
>
> 出典：「小学校学習指導要領（平成29年告示）解説　外国語活動・外国語編」（文部科学省）

小学校外国語活動，外国語科，中学校外国語科の「目標」の比較

共通点として挙げられるキーワードは，「見方・考え方を働かせる」，「言語活動を通して」，「資質・能力の育成」です。小学校，中学校の7年間を通して系統的かつ連続的に学習指導を展開していく必要があるのです。

さらに，育成を目指す資質・能力が「素地」，「基礎」，「資質・能力」そのものの3段階で表され，児童生徒の発達段階に応じて学習内容や学習活動を設定すべきであることが示されています。

小学校で指導していくにあたっては，外国語活動と外国語科のつながりだけでなく，中学校以降の外国語科を見通して指導していくことが大切です。同じことが，中学校での指導においても言えると思います。

小学校 中学年 外国語活動	外国語によるコミュニケーションにおける見方・考え方を働かせ， 外国語による聞くこと，話すことの言語活動を通して， コミュニケーションを図る素地となる資質・能力を次のとおり育成することを目指す。
小学校 高学年 外国語科	外国語によるコミュニケーションにおける見方・考え方を働かせ， 外国語による聞くこと，読むこと，話すこと，書くことの言語活動を通して， コミュニケーションを図る基礎となる資質・能力を次のとおり育成することを目指す。
中学校 外国語科	外国語によるコミュニケーションにおける見方・考え方を働かせ， 外国語による聞くこと，読むこと，話すこと，書くことの言語活動を通して， 簡単な情報や考えなどを理解したり表現したり伝え合ったりする コミュニケーションを図る資質・能力を次のとおり育成することを目指す。

小学校外国語活動，外国語科，中学校外国語科における「知識及び技能」の目標

　各項の文末表現を見ていくと，小学校中学年の外国語活動では「慣れ親しむ」こと，高学年，中学校の外国語科では「技能を身に付ける」ことが目標に掲げられています。

　また，中学年は音声面を中心に体験的に指導する「活動型」，高学年以降では知識及び技能の定着を目指し，系統的指導を重視した「教科型」で授業を展開することが示されています。

　「何を理解しているか」について，中学年の外国語活動では，言語や文化について「体験的な理解」と，日本語と外国語の音声の違い等への「気付き」が目標に掲げられています。この「気付き」については，高学年の外国語科でも同様です。後述する Survival English では，この「気付き」に着目した帯活動に取り組んで指導していきます。

小学校 中学年 外国語活動	外国語を通して，言語や文化について体験的に理解を深め， 日本語と外国語との音声の違い等に気付くとともに， 外国語の音声や基本的な表現に慣れ親しむようにする。	活動型
小学校 高学年 外国語科	外国語の音声や文字，語彙，表現，文構造，言語の働きなどについて， 日本語と外国語との違いに気付き，これらの知識を理解するとともに， 読むこと，書くことに慣れ親しみ，聞くこと，読むこと，話すこと，書くことによる 実際のコミュニケーションにおいて活用できる基礎的な技能を身に付けるようにする。	教科型
中学校 外国語科	外国語の音声や語彙，表現，文法，言語の働きなどを 理解するとともに， これらの知識を，聞くこと，読むこと，話すこと，書くことによる 実際のコミュニケーションにおいて活用できる技能を身に付けるようにする。	

小学校外国語活動，外国語科，中学校外国語科における「思考力，判断力，表現力等」の目標

　小学校中学年，高学年では，ともに伝え合う内容を「身近で簡単な事柄」「自分の考えや気持ちなど」とされています。児童が知っている身近なことを題材として，中学年では聞いたり話したりする音声中心の学習を行い，高学年では，音声で十分に慣れ親しんだ語句や表現を読んだり書いたりする学習へ発展させていくイメージです。

小学校 中学年 外国語活動	身近で簡単な事柄について, 外国語で聞いたり話したりして 自分の考えや気持ちなどを伝え合う力の素地を養う。	活動型
小学校 高学年 外国語科	コミュニケーションを行う目的や場面,状況などに応じて, 身近で簡単な事柄について, 聞いたり話したりするとともに,音声で十分に慣れ親しんだ外国語の語彙や基本的な表現を推測しながら読んだり,語順を意識しながら書いたりして, 自分の考えや気持ちなどを伝え合うことができる基礎的な力を養う。	教科型
中学校 外国語科	コミュニケーションを行う目的や場面,状況などに応じて, 日常的な話題や社会的な話題について, 外国語で簡単な情報や考えなどを理解したり, これらを活用して表現したり伝え合ったりすることができる力を養う。	

小学校外国語活動,外国語科,中学校外国語科における「学びに向かう力,人間性等」の目標

「学びに向かう力,人間性等」とは,「知識及び技能」を習得し,「思考力,判断力,表現力等」を育成する上で必要な資質・能力であるとともに,「知識及び技能」,「思考力,判断力,表現力等」が身に付く過程で養われるもので,「粘り強く学習する力」や「学習したことを,社会や自分の生き方にどのように生かすかを考える視点」などを指します。

ここで着目すべき点は,発達の段階に合わせてコミュニケーションの対象が設定されていることです。中学年では,目の前にいる友達や教師等と,聞いたり話したりする活動を展開するため,対象は「相手」となっています。高学年になると,読むことや書くことの学習が始まり,対象が広がって「他者」となります。中学校では4技能に関してより高いレベルの指導が求められることから,対象が「聞き手,読み手,話し手,書き手」とされています。

小学校 中学年 外国語活動	外国語を通して,言語やその背景にある文化に対する理解を深め, 相手に配慮しながら, 主体的に外国語を用いてコミュニケーションを図ろうとする態度を養う。
小学校 高学年 外国語科	外国語の背景にある文化に対する理解を深め, 他者に配慮しながら, 主体的に外国語を用いてコミュニケーションを図ろうとする態度を養う。
中学校 外国語科	外国語の背景にある文化に対する理解を深め, 聞き手,読み手,話し手,書き手に配慮しながら, 主体的に外国語を用いてコミュニケーションを図ろうとする態度を養う。

02　帯活動を設定した授業構成と単元構成

　授業構成と単元構成については，図1のようなイメージで構成しています。授業はすべて，「帯活動」で始まります。単元の後半に「単元のタスク活動」を設定し，その単元ではそこに向けて授業が展開されます。

図1

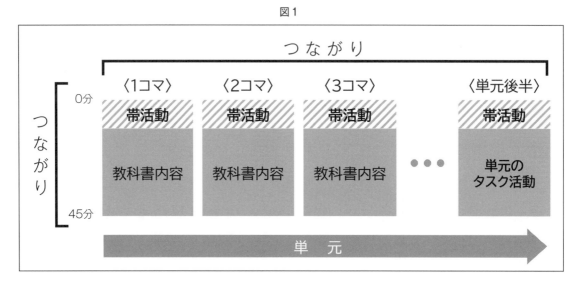

　さらに，各学期末にはその学期に学習した知識を活用して取り組む「学期末のタスク活動」を設定しています。それまでの授業で得た「気付き」が知識として習得され，アウトプットされる場となります。

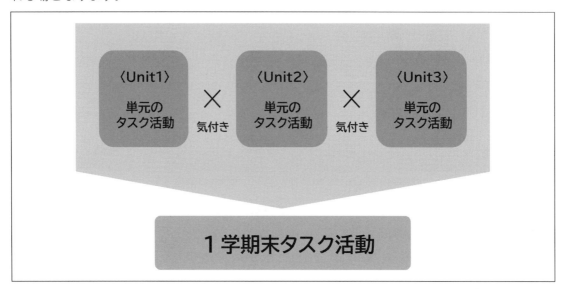

授業と単元にそれぞれつながりのある活動を取り入れた構成の中で，良質なインプットを目的とした帯活動を設定しています。毎時間行う帯活動では，教科書を素材とした未習の目標言語材料や表現を習得する活動を仕組みます。

　単元の後半に行うタスク活動では，帯活動で習得した知識や会話に必要なスキルを活用して発信する場を設定しています。

　授業の中で，帯活動をベースにし，学習内容とつながりをもたせ，さらに単元を通して内容に一貫性をもたせることで，学習内容を確実に習得することをねらいとしています。

03　帯活動と Survival English

帯活動の定義

　帯活動に関する先行研究について，和泉（2016）[*1]は，良質なインプットなしに，言語習得は成されないと述べたうえで，言語習得に関して，「アウトプットすることで，言語習得をさらに活性化させていくことができる」と述べています。さらに村野井（2006）[*2]は，「コンテクストの中で文法項目を理解することは，言語形式と意味が1つのものとして記憶されるので，非常に効果的である」と述べています。

　また，帯活動について，太田（2012）[*3]は，「ある一定の期間，授業の一定の時間帯に行う活動」と定義し，1回の活動時間は短いが，ある一定期間続けていくことでまとまった時間を確保し，繰り返し表現に触れ合うことの重要性を述べています。

　以上のことを踏まえ，私は帯活動を「単元を学習している期間，その単元の各授業の導入として毎時間行う活動」と定義しています。

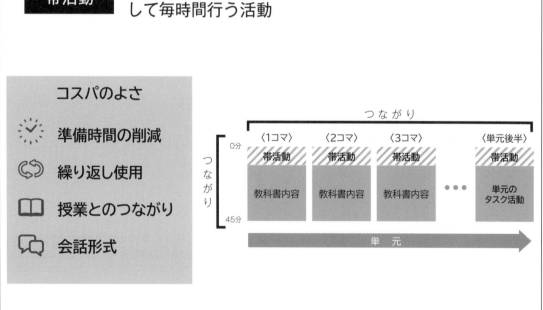

　この帯活動では，のちに紹介する Survival English というワークシートを活用します。このワークシートを用いて QA 形式の会話練習をペアで行います。ワークシートの内容は，教

科書を素材とし，単元で扱う目標言語材料や表現を中心としています。その中に，既習事項と未習事項を織り交ぜ，単元後半に設定したタスク活動でのやり取りをイメージし，それらを文脈のあるものにしています。

また，単発的でつながりのないやり取りの連続ではなく，談話へと展開するための会話方略（相づちやつなぎ言葉など）も取り入れています。ワークシートに書かれた語句や文をペアで読み合うことから始め，児童の実態に合わせ段階的に負荷をかけながら活動に取り組ませていきます。単元を学習する間，毎時間同じワークシートを活用して習得を図っていきます。

帯活動の段階的な負荷

ここで，帯活動で使用する Survival English について，６つの段階的な負荷を説明していきます。１時間で１つずつ行うことを想定しています。ただし，ここで紹介しているのはあくまで一例です。児童の実態に合わせていくとよいと思います。

児童が慣れてくれば，英語による指示でも動けるようになります。教師が ALT や代表児童とモデルを示したり，下図のイラストなどを示したりしながら英語で説明をすれば，より理解が深まります。

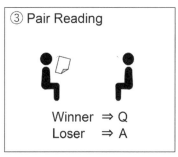

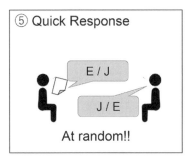
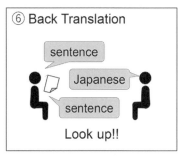

① Guess Reading

その単元の最初の１時間目に Survival English を配付します。配付された Survival English をペアで読み合います。じゃんけんをして勝ったら左側，負けたら右側というくらいの気軽な雰囲気で始められると円滑に活動に入ることができます。２分程度の時間を設定し，

読み終わらなくても時間で活動を区切ります。その後，教師のあとについてリピートさせます。分からない発音の単語は予測して読むというルールを徹底させることで，なんとなくでも読んで相手に伝えるようになります。

　この活動の目的は，人前でエラーをさせることです。しかも，ペアという最小グループの単位であるため，エラーをしてもそれほど負担にはなりません。未習単語があると，読めないことが多く，相手が予想して読んだ単語がミスなのかどうかも判断できない場合があります。教室という狭い空間ですら，ミスを恐れて表現できない場面を多く目にします。そんな雰囲気を壊していくために，しっかりとエラーをさせ，そのエラーをお互いが認め合い，学び合える雰囲気づくりが必要です。

　このように，曖昧な理解のまま活動をタイマーで区切り，その後，教師のあとについてリピートさせると，間違えて読んだ部分を聞き取ろうと積極的に聞くことに集中します。

② Pair Reading

　まずは教師がモデルとして1文読みます。その後，リピートして口頭練習を行います。飽きさせずにテンポよく読み，感情表現や間の工夫なども織り交ぜながらモデルを示します。そして，じゃんけんをして，勝ったら左側（質問中心），負けたら右側（答え中心）という役割を設定します。書かれていることを読み合う活動ですが，感情を込めたり，非言語的コミュニケーション（相づちやリアクション，アイコンタクトなど）を用いるように指導すると，児童たちは意識するようになります。

③ Pair Reading

　前述の②とやり方は同じです。ただ，じゃんけんをして負けた児童は，右側（答え中心）を答えますが，Survival English を見ずに答えます。実際は児童の実態に応じて変化をさせていますが，直前までは見てよいことにし，発話する際には見ないなどの負荷から始めるとよいと思います。この活動では，発話として出てこないものをただ待ってみても時間の無駄なので，2秒待っても答えられない場合には，勝った人が模範解答例を読み上げ，負けた人はその1文をリピートする形で読み上げるなどの工夫が必要です。

④ Two-One Method

　勝った人が Survival English を見ます。負けた人は何も見ずに，相手を見ておくようにします。勝った人が，同じ英文を二度読み上げます。負けた人は，その英文の音声を頼りにして，同じ英文を繰り返し発話します。児童はお互いの英語のレベルをよく把握しています。読み上げる人は，相手の英語のレベルを配慮して出題してほしいものです。こうした配慮ができる学級が，やはり英語の授業でもよい雰囲気を醸し出すのかもしれません。

⑤ Quick Response

　じゃんけんで勝った人が Survival English を見ます。負けた人は何も見ません。勝った人が英文を読み上げたら，負けた人がその意味を日本語で答えます。勝った人が日本語を読み上げたら，負けた人が英文にして答えます。この活動もテンポよく行うために，相手が2秒ほど考えても分かりそうになければ，勝った人は答えを教え，次の問題に進むようにします。出題については，ランダムで行うと難易度が高くなります。

⑥ Back Translation

　じゃんけんで勝った人が Survival English を読みます。負けた人は，その英文の意味を日本語で答えます。勝った人は英文を読み上げたらすぐに顔を上げ，Survival English を見ずに，相手の顔を見ます。負けた人が日本語で答えたのを聞き取り，それを英文にして発話します。少し慣れるまでに時間がかかりますが，しっかりと相手を見て発話する習慣づけにもよいと思います。

帯活動の実際

　図2のようなローテーションでペアを替えながら取り組みます。動く方の列をあらかじめ決めておくこともできます。最初の1回目を隣同士の児童と活動させ，タイマーが鳴った時点で一度時計を止めます。その際，どちらの列がローテーションして動くのか大きな動作で列を示しながら英語で指示を出します。英語での指示を理解した児童はいち早く移動を始めますが，理解できなかった児童は，周囲を見て動き出します。これも大切なことだと思います。帯活動の良さは，最初は難しく感じる英語での指示にも，徐々に慣れてくることです。「先生が英語で話していることが分かる」という体験を増やす機会にもなります。

　また，この帯活動で大切なことは，タイマーの時間を必ず守るということです。黒板に貼り付けたデジタルタイマーや，モニターで経過時間を提示し，どの児童からも見えるようにします。基本的には1分間のやり取りをさせ，次へのつなぎの時間は5～7秒程度です。この間に次の席へと移動します。1分と5～7秒のタイマーのリピート機能を設定しておけば，教師は机間指導をしたり，困っている児童の支援をしたりすることができます。

　図3のように少し複雑なローテーションで行うことで，教室の席替えをしていなくても，普段とは違うペアで取り組むことができます。

図2

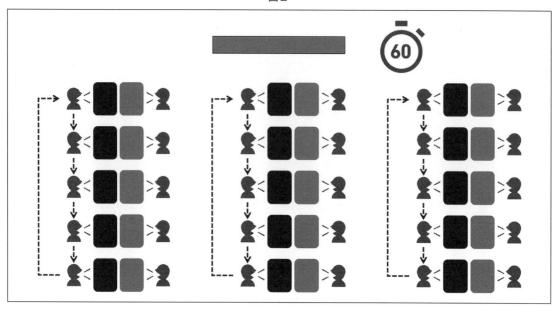

図3

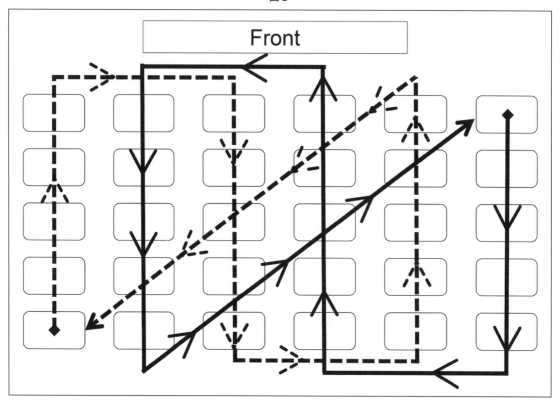

Survival Englishの構成

　本書にある Survival English をそのまま利用してもよいと思いますし，アレンジを加えたり，全く異なるものを作って授業で使うこともよいと思います。その際の作成のポイントとして3点ほどあります。

　まず，一問一答形式の単発的なやり取りではなく，あくまで英文が「やり取り（文脈）」になっているということです。こうした文脈の中にあるからこその気付きを促すことがねらいです。

　次に，その単元で扱う文法目標項目や新出語彙を中心に構成するということです。さらに，既習事項や少しこの先で学習する未習事項を織り交ぜるということです。児童は，初見では難しく感じますが，学期末のタスク活動の際には，過去の Survival English を見直し，これまでの学びを振り返ることができます。また，未習事項を織り交ぜることで，その単元を学習する際に抵抗なく理解できることをねらいとしています。

　最後に，使用する英語表現については，単元のタスク活動や学期末のタスク活動の理想的なやり取りをイメージして作成することです。すべての単元でこのような「やり取り」に特化したものを設定するのは難しいかもしれませんが，発表形式の活動においても，聞き手からの質問は起こり得るのが自然です。そうした状況をイメージしながら作成していきます。

01　Survival English

Name:

名前や好きなもの・ことを伝え合うことができる

① Hi. Nice to meet you.
　やぁ　はじめまして

② How are you today?
　調子はどうだい？

③ I'm good. Thank you.
　いいよ　　ありがとう

④ Show me your card.
　君のカードを見せて

⑤ What's your name?
　君の名前は？

❶ Nice to meet you, too.
　こちらこそはじめまして

❷ I'm good, thank you. And you?
　いいよ，ありがとう　　あなたは？

❸ Good.
　よかった

❹ Here you are.
　はいどうぞ

❺ My name is Brian.
　ぼくの名前はブライアンです

04 単元のタスク活動と学期末のタスク活動

単元のタスク活動

　学習指導要領では，目標に示された資質・能力の育成を「言語活動を通して」行うことを求めています。言語活動は，文部科学省が公表している『小学校外国語活動・外国語研修ガイドブック』(2017年) において，「実際に英語を用いて互いの考えや気持ちを伝え合う活動」と示されています。

　児童が「話したい」と思うような，「何をどう話そうか」と考えたくなるような目的や場面，状況設定が不可欠です。また，題材は学級の児童全員が興味・関心をもち，身近で具体的なものにすることが望ましいと考えられます。児童の実態に応じて，そのような題材は異なってくることから，言語活動の設定には深い児童理解が必要となります。

> 言語活動を成立させるためのポイント
> ①伝え合う目的や必然性がある
> ②相手意識をもって取り組むことができる
> ③実際に自分や相手の気持ちや考えを伝え合う「本物」のコミュニケーションである
> ④伝え合うことの喜びや意義を見出すことができる

　Survival English は，この単元のタスク活動をイメージして作成しています。

学期末のタスク活動

　「タスク」という言葉が，英語の授業の中で見聞きされることが多くなったように思います。特に，中学校や高等学校では教科書にも記載される言葉となりつつあります。

　この「タスク」というものは，先行研究により多くの定義が出されていますが，ここでは，Ellis & Shintani (2014)[*4] の先行研究を参考に，タスクと見なされる課題が満たすべき条件を見ていきたいと思います。

意味のやり取り	ギャップ
モデルの模倣や指定された言語形式の操作・活用ではなく，目的に応じたメッセージ内容（意味）の伝達や理解が要求される。	課題達成のために埋めなければならない何らかのギャップ（情報の欠落や差異，意見の相違，解決すべき問題状況など）が存在する。
現有リソースの自由な活用	**成果**
用いたり注意を向けたりする形式を事前に指定されることなく，学習者はその時点で自らのもつ言語的・非言語的リソースを自由に用いて活動に取り組む。	言語形式の理解や表出が正しくできることを示すのではない，課題の内容に関連した成果が設定されており，学習者はその達成を目指して活動する。

これらの条件より，本書ではタスク活動を「設定された課題を達成するために，児童が既有知識を活用して，英語で理解したり話したりしなければならない活動」と定義しています。

タスク活動

意味のやり取り	ギャップ
現有リソースの自由な活用	成果

設定された課題を達成するために，
児童が既有知識を活用して，
英語で理解したり話したりしなければならない活動

　学期末のタスク活動では，設定された課題を達成するために，児童が帯活動や授業で得た知識や会話に必要なスキルを活用して，英語で理解したり話したりする活動を仕組んでいきます。その時間の目標言語材料や表現を活用させるような課題を設定し，その課題に対してまずは個人で考え，ペアやグループでのやり取りへと展開することが考えられます。

　意味を伝えることを目的としたタスク活動を仕組むことで，形式の正確さよりも内容を重視したやり取りを意識させていきます。

05　ICTの活用

　1人1台端末が導入され数年が経過し，今では児童生徒が端末を授業で活用する姿は珍しくありません。もとより，教師はその便利さゆえに，毎時間活用している方も多いのではないでしょうか。一方で，ICTに対して批判的な考えをお持ちの先生方にもお会いすることがあります。教師のニーズに照らし合わせると，ICTは不要だという回答が多くなるのではないでしょうか。1人1台端末が導入され，これまではする必要のなかった指導やトラブルが多く生まれてしまっているのも事実です。

　しかし，ICTのニーズというのは，「子どもたちの将来」にあるわけです。子どもたちがこれから激変していく社会の中で，「ICTが必要かどうか」という視点ではなく，「必要なときに必要なものを選択できるかどうか」という視点で指導していくことが求められます。

　令和5年度全国学力・学習状況調査の質問紙調査では，ICTの活用状況等に関する調査が行われました。その調査の中で，『調査対象学年の児童生徒に対して，前年度までに，児童生徒一人一人に配備されたPC・タブレットなどのICT機器を，授業でどの程度活用しましたか。』という質問に対し，小学校では約65％，中学校では約63％の教師が「ほぼ毎日」と回答しています。「週3回以上」という回答も含めれば，小中学校ともに約90％となります。日常的なICT活用が進んでいると分析できます。

　しかし，まだまだ有効的な活用の仕方ができるのではないかとも思います。使用するのは限定的な場面に限られたり，授業を妨げる行為を恐れ，教師が大型モニターで提示するに留まったりする授業もよく目にします。

　こうした端末の便利さは，クラウドを活用することでさらに広がります。友達やALTを相手にプレゼンテーションをするにも，紙媒体で提示するものを作成するには時間がかかります。すべての児童の進捗状況を担任の先生が一人で把握するのも一苦労です。

　クラウド活用だけではなく，児童の発表ややり取りの様子などを動画で撮影し，自らの学びの振り返りに活用したり，そうしたデータを蓄積し，先輩をモデルとして提示したりすることは非常に有効的な活用方法だと思います。

06　バックワードで考える授業デザイン

バックワード・デザイン

　バックワード・デザインとは，「逆向き設計」のことです。授業を前から考えていくのではなく，ゴールから逆算して設計していくことを意味しています。
　中学校であれば，各学期に定期テストがあり，これは教師が作成します。多くの学校では，1学期と2学期に中間テストと期末テスト，3学期に学年末テストを実施していると思います。
　私が勤務していた学校では，英語科の教員が集まり，まず4月の段階で1学期の中間テストと定期テストを9割の完成度で作成します。
　夏休みには2学期のテストと学年末テストを作成します。こうすることで，「定期テスト」というゴールに向け，どういった授業を展開すればいいのかバックワードで考えることができます。生徒に定期テストで100点をとらせる授業を仕組むわけです。
　もちろんそう簡単にはいきません。日々の業務に追われ，先生方はとても忙しいですので，最初は上手くいかないことも多々ありますが，バックワードで授業をデザインすることで，日々の授業の質が向上していくことは間違いありません。

単元のタスク活動と学期末のタスク活動からのバックワード

　本書で提案する単元のタスク活動と学期末のタスク活動を一つのゴールとして捉えるのであれば，自ずと各単元でどういった力を子どもたちにつけていくべきかということが分かるのではないでしょうか。もちろん子どもたちには，各単元の最初や学期の区切りなどで，いま自分たちがどこ（ゴール）に向かっているのか，そのために必要なことはなにかを常に意識させることが大切になります。
　教師がモデルを示したり，ルーブリックを共有したり，これまでの学びを振り返ったりすることで，子どもたちの現在地を明確にしていくことが必須となります。これは，車の運転に例えても同じことが言えます。どこか目的地に行きたいのに，自分の現在地が分からなければゴールまでの見通しをもつことはできません。本書で提案する Survival English をその手段（地図）として活用してもらえれば幸いです。

---

*1　和泉伸一，『フォーカス・オン・フォームと CLIL の英語授業』，株式会社アルク，2016，p.245
*2　村野井仁，『第二言語習得研究から見た効果的な英語学習法・指導法』，大修館書店，2006，p.25
*3　太田洋，「帯活動の意味　Teaching ≠ learning だからこそ」『英語教育』（5月号），大修館書店，2012，p.10
*4　Ellis,R.,& Shintani,N. Exploring language pedagogy through second language acquisition research, London, Routledge, 2014

資料
第5・6学年の単元のタスク活動一覧
NEW HORIZON Elementary English Course・「話すこと［やり取り］」,「話すこと［発表］」

第5学年

Unit	単元名	単元のタスク活動	評価
Unit 1	Hello, friends!	自分の名前や好きなもの，好きな教科などを含めて簡単な自己紹介をする。	やり取り
Unit 2	Happy birthday!	バースデーカードを本人に届けるために，誕生日や好きなもの，欲しいものをたずねたり答えたりして，やり取りを行う。	やり取り
Unit 3	Can you play dodgeball?	自分ができること，できないことや，相手ができること，できないことについて，たずねたり伝えたりする。	やり取り
Unit 4	Who is this?	身近な人について，自分との関係性やその人の性格などを含め紹介し合う。	やり取り
Unit 5	Let's go to the zoo.	目的地の場所をたずね，建物の位置を表す表現や道案内の表現を用いて，それについて答える。	やり取り
Unit 6	At a restaurant.	食事の注文や値段についてたずね，欲しいものやその値段についてたずねたり答えたりする。	やり取り
Unit 7	Welcome to Japan!	日本のおすすめの場所について，その理由も含めて発表する。	発表
Unit 8	Who is your hero?	自分の憧れの人物について，できることや得意なことについて，自分の意見を含めて紹介し合う。	やり取り

第6学年

Unit	単元名	単元のタスク活動	評価
Unit 1	This is me!	自己紹介を聞いて具体的な情報を捉える。これまで学習した表現を使って自己紹介をする。	
Unit 2	My Daily Schedule	一日の生活に関するまとまりのある話を聞いて概要を捉える。自分のスケジュールについて時間を加えてやり取りをする。	
Unit 3	My Weekend	週末にしたことについて、感想を含めてたずねたり答えたりする。	
Unit 4	Let's see the world.	行きたい国について、やりたいことや食べたい物などをたずねたり答えたりする。	
Unit 5	Where is it from?	身の回りのものとその生産国について、内容を整理してやり取りをする。	
Unit 6	Save the animals.	生き物のために身近でできることについて、内容を整理してやり取りをする。	
Unit 7	My Best Memory	小学校生活で最も思い出に残る行事について、理由を含めて発表する。	
Unit 8	My Future, My Dream	中学校生活でしたいことや将来の夢について、その理由を発表する。	

Chapter 2

第5学年 Survival English & 単元のタスク活動アイデア

- 01 【Unit 1】名前や好きなもの・ことを伝え合おう
  p.032
- 02 【Unit 2】誕生日やほしいものを伝え合おう
  p.036
- 03 【Unit 3】できることを伝え合おう
  p.040
- 04 【Unit 4】身近な人について紹介し合おう
  p.044
- 05 【Unit 5】場所をたずねたり,案内したりしよう
  p.048
- 06 【Unit 6】ていねいに注文したり,値段をたずねたりしよう
  p.052
- 07 【Unit 7】日本の素敵な場所をグループで紹介しよう
  p.056
- 08 【Unit 8】あこがれの人について紹介し合おう
  p.060

Unit 1
01 名前や好きなもの・ことを伝え合おう

言語材料

I'm ○○. / I (don't) like P.E.

How are you? / How do you spell your name? / What subject do you like? / What are your initials?

授業のねらい

　単元目標として,「お互いのことをよく知るために, 名前やつづり, 好きなもの・ことについて, 聞き取ったり伝え合ったりすることができる。また, アルファベットの大文字の形と名前が分かる。」を想定している。

　5年最初のタスク活動であるため, 失敗しても大丈夫だという雰囲気づくりに気を付けて指導したい。

単元指導計画（全8時間）

時間		授業内容
第1時	帯活動①	Starting Out　名前や好きなもの・ことについてのやり取りから, 具体的な情報を聞き取る。
第2時		Starting Out　名前や好きなもの・ことについてのやり取りの表現に慣れ, 単元のタスク活動への見通しをもつ。
第3時	帯活動②	Your Turn　名前のつづりについて, 友達と伝え合う。
第4時		Your Turn　好きな教科などについて, 友達と伝え合う。
第5時	帯活動③	Enjoy Communication　名前や好きなもの・ことについて, 表現を振り返ったり情報を整理したりして, 自己紹介の内容を考える。
第6時		【単元のタスク活動】 Enjoy Communication　お互いのことをよく知るために, 名前やつづり, 好きなもの・ことなどを伝え合って, 自己紹介をし合う。
第7時	帯活動④	Over the Horizon　映像や音声を手がかりにして, 人や国などの名前や略称について考え, 日本と世界の文化に対する理解を深める。
第8時		Over the Horizon　映像や音声を手がかりにして, 日本に住む外国人やアイヌ文化について考え, 日本と世界の文化に対する理解を深める。

第5学年　第6学年

単元のタスク活動（第6時）

□活動概要

　この活動では，教科書や Survival English の表現を参考に，TASK シートに自己紹介の内容を書かせる。作成した TASK シートをもとに，ペアを替えながら複数回やり取りする。回数を重ねるだけではなく，適宜フィードバックを与えながら行いたい。児童の実態に合わせ，時間制限を設けることもできる。

□活動の流れ

❶ 教師のモデルを見る
❷ TASK シートを作成する
❸ 複数回のやり取りをする

> S1: Hi, how are you?
> S2: Good, thank you.
> S1: I am ○○. What's your name?
> S2: I am △△. What is your treasure?
> S1: My treasure is this uniform.
> S2: Oh, it's cool. Why?

❹ フィードバックをする（❸❹を適宜行う）
❺ 全体もしくはグループ内で発表する

□ルーブリック　話すこと［やり取り］

観点	知識・技能	思考・判断・表現	主体的に学習に取り組む態度
A	既習事項を用いて誤りが少なく，やり取りができている。	自己紹介をより分かりやすくするために，TASK シートを見せるタイミングや見せ方を工夫し，既習事項を用いてやり取りしている。	□TASK シートを見せるタイミングや見せ方の工夫がある。 □相手を意識しながら話している。 □アイコンタクトを図っている。 （3個○＝A，2個○＝B，1個○＝C）
B	既習事項を用いて多少の誤りがあるが，やり取りができている。	TASK シートを見せながら，既習事項を用いてやり取りしている。	
C	Bに満たない。	Bに満たない。	

01 Survival English

Name:

名前や好きなもの・ことを伝え合うことができる

① Hi. Nice to meet you.
やぁ はじめまして

② How are you today?
調子はどうだい？

③ I'm good. Thank you.
いいよ　ありがとう

④ Show me your card.
君のカードを見せて

⑤ What's your name?
君の名前は？

⑥ How do you spell your name?
君の名前のスペルは？

⑦ My name is Tom. T-O-M.
ぼくの名前はトムです。T, O, M

⑧ What subject do you like?
何の教科が好き？

⑨ Oh, really?
おぉ，本当に？

⑩ I don't like science.
理科は好きではないなぁ

⑪ I like P.E.
体育が好きです

⑫ I like soccer.
サッカーが好きだよ

① Nice to meet you, too.
こちらこそはじめまして

② I'm good, thank you. And you?
いいよ，ありがとう　　あなたは？

③ Good.
よかった

④ Here you are.
はいどうぞ

⑤ My name is Brian.
ぼくの名前はブライアンです

⑥ B-R-I-A-N. Brian.
B, R, I, A, N　ブライアンです

⑦ Tom. Nice to see you.
トム　よろしくね

⑧ I like science.
理科が好きです

⑨ How about you?
あなたは？

⑩ What subject do you like?
何の教科が好き？

⑪ What sport do you like?
何のスポーツが好き？

⑫ Oh, it's cool.
おぉ，かっこいい

Self-evaluation

項目	（できた）	評価	（できなかった）
相手が理解しやすいように表現を選びながらやり取りすることができた。	4	3	2	1
会話が続くように質問を入れたり，相づちを入れたりすることができた。	4	3	2	1
相手の発表に対してリアクションを心がけた。	4	3	2	1

01 TASK

This is me!

NAME

Subject

Sport

Unit 2 02 誕生日やほしいものを伝え合おう

言語材料

My birthday is .... / I want a new guitar for my birthday.
When is your birthday? / What do you want? / What do you want for Christmas? / What event do you like?

授業のねらい

　単元目標として，「友達に喜んでもらうために，誕生日や欲しいものについて，聞き取ったり伝え合ったりすることができる。また，アルファベットの小文字の形と名前が分かる。」を想定している。

　お互いの名前はすでに分かっていると思われるが，Unit 1で学習した相手の名前のスペルを聞き取って書くことを意識させたい。

単元指導計画（全8時間）

時間		授業内容
第1時	帯活動①	Starting Out　誕生日や欲しいものについてのやり取りから，具体的な情報を聞き取る。
第2時		Starting Out　誕生日や欲しいものについてのやり取りの表現に慣れ，単元のタスク活動への見通しをもつ。
第3時	帯活動②	Your Turn　誕生日について，友達と伝え合う。
第4時		Your Turn　誕生日に欲しいものについて，友達と伝え合う。
第5時	帯活動③	Enjoy Communication　誕生日や欲しいものについての表現を振り返ったり，相手の好きなもの・ことについての情報を整理したりして，プレゼントカードの内容や伝える内容を考える。
第6時		【単元のタスク活動】 Enjoy Communication　友達に喜んでもらうために，誕生日や欲しいものを伝え合いながら，「プレゼントカード」を贈り合う。
第7時	帯活動④	Over the Horizon　映像や音声を手がかりにして，世界の祭りやイベントについて考え，日本と世界の文化に対する理解を深める。
第8時		Over the Horizon　映像や音声を手がかりにして，日本に住む外国人や陶芸について考え，日本と世界の文化に対する理解を深める。

第 5 学年　第 6 学年

単元のタスク活動（第 6 時）

□活動概要

　この活動では，児童の実態に合わせて，TASK シートを複数枚作成させ，複数人とのやり取りがあるとよい。こうした活動では，デジタルで作成させ，デジタルでカードを交換すると効率的である。

　ペアでやり取りをしながら，お互いがプレゼントカード（p.39 の TASK シート）に聞き取った内容をもとに書きこむことを想定している。

□活動の流れ

❶ 教師のモデルを見る
❷ TASK シートを作成する
❸ 複数回のやり取りをする

> S1: Hi, how are you? How do you spell your name?
> S2: My name is Tom. T-O-M.
> S1: When's your birthday?
> S2: My birthday is January 11th.
> S1: What do you want for your birthday?

❹ フィードバックをする（❸❹を適宜行う）
❺ 全体もしくはグループ内で発表する

□ルーブリック　話すこと［やり取り］

観点	知識・技能	思考・判断・表現	主体的に学習に取り組む態度
A	既習事項を用いて誤りが少なく，やり取りができている。	相手の誕生日や欲しいものについて，相手によく分かるように，質問したり答えたりしている。	□TASK シートを見せるタイミングや見せ方の工夫がある。 □相手を意識しながら話している。 □アイコンタクトを図っている。 （3 個〇＝A，2 個〇＝B，1 個〇＝C）
B	既習事項を用いて多少の誤りがあるが，やり取りができている。	相手の誕生日や欲しいものについて，簡単な表現を用いて，質問したり答えたりしている。	
C	B に満たない。	B に満たない。	

02 Survival English

Name:

たん生日やほしいものを伝え合うことができる

① Hi. How are you?
やぁ 調子はどう？

② Good, thank you.
いいよ，ありがとう

③ How do you spell your name?
あなたの名前のスペルはどう？

④ What subject do you like?
何の教科が好き？

⑤ I don't like math. I like English.
算数は好きではないなぁ 英語が好きです

⑥ When is your birthday?
たん生日はいつですか？

⑦ What do you want for your birthday?
たん生日には何がほしいの？

⑧ I like playing games, too.
私もゲームをするのが好きだよ

⑨ My birthday is January 11th.
1月11日です

⑩ I want a new guitar.
私は新しいギターがほしいわ

⑪ Yes, I can.
はい，できます

① Good. And you?
いいよ あなたは？

② It's nice.
よかった

③ B-R-I-A-N. Brian.
B, R, I, A, N で Brian だよ

④ I like math. How about you?
ぼくは算数が好き あなたは？

⑤ Wow. You like English.
わぁ 英語が好きなんだ

⑥ My birthday is December 26th.
12月26日です

⑦ I want a new game.
新しいゲームがほしいかな

⑧ When is your birthday?
たん生日はいつ？

⑨ What do you want for your birthday?
たん生日には何がほしいの？

⑩ Can you play the guitar?
ギターができるの？

⑪ It's cool.
かっこいい

Self-evaluation

項目	（できた）	評価	（できなかった）	
相手が理解しやすいように表現を選びながらやり取りすることができた。	4	3	2	1
会話が続くように質問を入れたり，相づちを入れたりすることができた。	4	3	2	1
相手の発表に対してリアクションを心がけた。	4	3	2	1

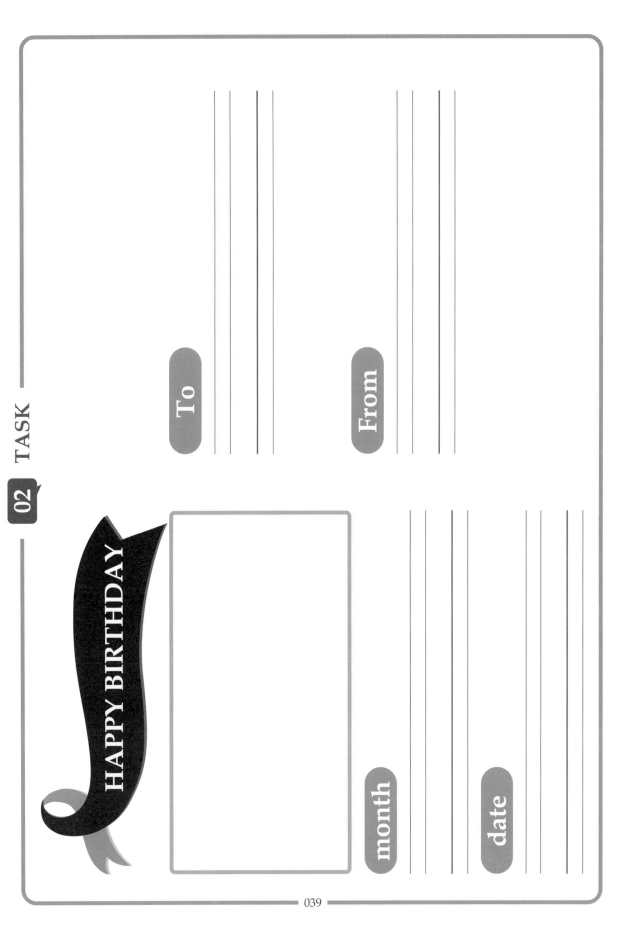

Unit 3 03 できることを伝え合おう

言語材料

I like soccer. / Yes, I can. / No, I can't. / You can play soccer well.
What sport do you like? / Can you play badminton? / Can you cook well? / Can you do this?

授業のねらい

　単元目標として，「お互いのことをよく知るために，できることについて，聞き取ったり伝え合ったりすることができる。また，アルファベットの大文字と小文字を，文字の形や書くときの動きに注意しながら書くことができる。」を想定している。
　can を用いた質問の単発的なやり取りに終わるのではなく，Survival English にあるような自然な会話の流れを意識させたい。

単元指導計画（全8時間）

時間		授業内容
第1時	帯活動①	Starting Out　できることについてのやり取りから，具体的な情報を聞き取る。
第2時		Starting Out　できることについてのやり取りの表現に慣れ，単元のタスク活動への見通しをもつ。
第3時	帯活動②	Your Turn　できることについて，友達と伝え合う。
第4時		Your Turn　できることやできないことについて，友達と伝え合う。
第5時	帯活動③	Enjoy Communication　できることについて，表現を振り返ったり情報を整理したりして，友達に伝える内容を考える。
第6時		【単元のタスク活動】 Enjoy Communication　お互いのことをよく知るために，できることを友達と伝え合う。
第7時	帯活動④	Over the Horizon　映像や音声を手がかりにして，世界で使われているジェスチャーなどについて考え，日本と世界の文化に対する理解を深める。
第8時		Over the Horizon　映像や音声を手がかりにして，日本に住む外国人やその仕事について考え，日本と世界の文化に対する理解を深める。

単元のタスク活動（第6時）

□活動概要

　この活動では，児童の実態に合わせて，TASK シートを複数枚作成させ，複数人とのやり取りがあるとよい。こうした活動では，デジタルで作成させ，デジタルでカードを交換すると効率的である。

　活動で使用したカードを交換し，第三者に紹介するなどの発展的な活動に展開することも可能である。次の Unit 4 では He / She を扱うため，予習の要素もある。

□活動の流れ

❶ 教師のモデルを見る
❷ TASK シートを作成する
❸ 複数回のやり取りをする

> S1: Hi, how are you?
> S2: Good. Thank you.
> S1: Can you play soccer?
> S2: No, I can't. But I can play volleyball.
> S1: Oh, you can play volleyball.

❹ フィードバックをする（❸❹を適宜行う）
❺ 全体もしくはグループ内で発表する

□ルーブリック　話すこと［やり取り］

観点	知識・技能	思考・判断・表現	主体的に学習に取り組む態度
A	既習事項の can 等を正しく用いて，やり取りができている。	質問に答えるだけでなく，会話が継続するよう，情報を付け足しながら，自分の考えや気持ちを伝えている。	□非言語的コミュニケーションが自然にできている。 □相手を意識しながら話している。 □アイコンタクトを図っている。 （3個○＝A，2個○＝B，1個○＝C）
B	既習事項の can 等を用いて多少の誤りがあるが，やり取りができている。	簡単な表現を用いて，自分の考えや気持ちを伝えている。	
C	Bに満たない。	Bに満たない。	

03 Survival English

Name:

できることを伝え合うことができる

① Hi. Good morning.
やぁ おはよう

② What are you doing?
何してるの？

③ Who is this?
これはだれ？

④ Oh, it's cool.
おぉ，かっこいいね

⑤ Can you play baseball?
あなたは野球ができるの？

⑥ I can't play baseball.
野球はできないなぁ

⑦ No, I can't. But I can swim well.
いいえ　でも上手に泳げます

⑧ I can swim fast. Can you?
ぼくは速く泳げますよ　あなたは？

⑨ That's OK.
いいんですよ

⑩ Can you play dodgeball?
ドッジボールはできますか？

⑪ Let's play dodgeball after school.
放課後にドッジボールをしましょう

① Good morning.
おはよう

② Look at this picture.
この写真を見て

③ This is OHTANI Shohei.
こちらは大谷翔平選手です

④ I like OHTANI.
ぼくは大谷選手が好きです

⑤ Yes, I can. How about you?
はい，できます　あなたは？

⑥ Can you play soccer?
サッカーはできる？

⑦ Oh, really?
本当に？

⑧ I can not swim fast.
速くは泳げないな

⑨ But I like swimming.
でも泳ぐのは好きです

⑩ Yes, I can. I love it.
はい，できます　とても好きです

⑪ It's a good idea.
いい考えですね

Self-evaluation

項目	（できた）	評価	（できなかった）
相手が理解しやすいように表現を選びながらやり取りすることができた。	4	3	2　　1
会話が続くように質問を入れたり，相づちを入れたりすることができた。	4	3	2　　1
相手の発表に対してリアクションを心がけた。	4	3	2　　1

03 TASK
I can do this! I can't do this!

I can

NAME

I can't

NAME

I can

NAME

I can't

NAME

Unit 4 身近な人について紹介し合おう

言語材料

This is my picture. / This is my brother.
What's this? / Who is this? / Can you play the piano?

授業のねらい

単元目標として，「お互いのことをよく知るために，身近な人のできることや性格などについて，聞き取ったり紹介し合ったりすることができる。また，単語のアクセントを意識しながら読んだり，複数の文字の名前を聞いて大文字を書き取ったりすることができる。」を想定している。

やり取りする中で，伝えて終わりを繰り返すのではなく，相手の発話内容を聞き取り，そのことについて自分の考えや気持ちを伝えるように指導したい。

単元指導計画（全8時間）

時間		授業内容
第1時	帯活動①	Starting Out　身近な人についてのやり取りから，具体的な情報を聞き取る。
第2時		Starting Out　身近な人についてのやり取りの表現に慣れ，単元のタスク活動への見通しをもつ。
第3時	帯活動②	Your Turn　身近な人のできることについて，友達と紹介し合う。
第4時		Your Turn　身近な人のできることや性格などについて，友達と伝え合う。
第5時	帯活動③	Enjoy Communication　身近な人のできることや性格などについて，表現を振り返ったり情報を整理したりして，友達に紹介する内容を考える。
第6時		【単元のタスク活動】 Enjoy Communication　お互いのことをよく知るために，身近な人のできることや性格などについて友達と紹介し合う。
第7時	帯活動④	Over the Horizon　映像や音声を手がかりにして，英語で人を指す言葉などについて考え，日本と世界の文化に対する理解を深める。
第8時		Over the Horizon　映像や音声を手がかりにして，日本に住む外国人や下駄について考え，日本と世界の文化に対する理解を深める。

単元のタスク活動（第6時）

□活動概要

　この活動では，自分が紹介したい人を決め，その人についてお互いにやり取りする場面を想定している。

　活動で使用したカードを交換し，第三者に紹介するなどの発展的な活動に展開することも可能である。He / She の区別をして表現しているかなどの評価につなげることも可能である。

□活動の流れ

❶ 教師のモデルを見る
❷ TASK シートを作成する
❸ 複数回のやり取りをする

> S1: Hi, how are you?
> S2: Good. Thank you.
> S1: Can you show me your picture?
> S2: Sure.
> S1: Who is this?
> S2: This is my brother.

❹ フィードバックをする（❸❹を適宜行う）
❺ 全体もしくはグループ内で発表する

□ルーブリック　話すこと［やり取り］

観点	知識・技能	思考・判断・表現	主体的に学習に取り組む態度
A	既習事項を用いて誤りが少なく，やり取りができている。	相手に紹介人物のことを理解してもらえるように，分かりやすい表現を用いて伝えたり，相手からの質問に答えたりしている。	□非言語的コミュニケーションが自然にできている。 □相手を意識しながら話している。 □アイコンタクトを図っている。 （3個○＝A，2個○＝B，1個○＝C）
B	既習事項を用いて多少の誤りがあるが，やり取りができている。	相手に紹介人物のことを理解してもらえるように伝えたり，相手からの質問に答えたりしている。	
C	Bに満たない。	Bに満たない。	

04 Survival English

Name:

身近な人についてしょうかいし合うことができる

① What's this?
これは何？

② Can you show me your picture?
写真を見せてくれる？

③ Who is this?
これはだれですか？

⑦ Oh, he can play soccer.
おぉ，彼はサッカーができるんですね

⑧ Of course. Look.
もちろん　　見て

⑨ She is Rio.
彼女はリオです

⑩ She is my friend.
彼女は私の友だちです

⑪ She is funny and smart.
彼女はおもしろくてかしこいです

⑫ She can dance well.
彼女はダンスが上手です

❶ This is my picture.
これは私の写真です

❷ Sure.
もちろん

❸ This is Haruki.
こちらはハルキです

❹ He is my brother.
彼は私の弟です

❺ He is kind.
彼はやさしいです

❻ He can play soccer well.
彼はサッカーが上手です

❼ Can you show me your picture?
あなたの写真を見せて

❽ Who is this?
これはだれですか？

❿ Wow, she can dance well.
彼女はダンスが上手なんですね

Self-evaluation

項目	（できた）	評価	（できなかった）
相手が理解しやすいように表現を選びながらやり取りすることができた。	4	3	2	1
会話が続くように質問を入れたり，相づちを入れたりすることができた。	4	3	2	1
相手の発表に対してリアクションを心がけた。	4	3	2	1

04 TASK

Who is this?

Memo

NAME

NAME

Unit 5　場所をたずねたり，案内したりしよう

言語材料

I like pandas. / Go straight for one block. / We have a big zoo.
What animal do you like? / Where is the gym? / What do you have in your town?

授業のねらい

単元目標として，「好きな施設などを知ってもらうために，施設の場所，道案内について聞き取ったり，場所をたずねたり案内したりすることができる。また，単語のはじめの音を聞き取ったり，複数の文字の名前を聞いて小文字を書き取ったりすることができる。」を想定している。

簡易的な地図を用いて，地図をたどりながら道案内をしたり，相手の理解を把握しながらやり取りしたりすることを指導したい。

単元指導計画（全8時間）

時間		授業内容
第1時	帯活動①	Starting Out　施設や場所，道案内についてのやり取りから，具体的な情報を聞き取る。
第2時		Starting Out　施設や場所，道案内についてのやり取りの表現に慣れ，単元のタスク活動への見通しをもつ。
第3時	帯活動②	Your Turn　場所をたずねたり，道案内したりする。
第4時		Your Turn　おすすめの施設について，友達と伝え合う。
第5時	帯活動③	Enjoy Communication　施設や場所，道案内についての表現を振り返り，紹介する施設を決め，その施設の紹介や道案内の内容を考える。
第6時		【単元のタスク活動】 Enjoy Communication　好きな施設などを知ってもらうために，オリジナルタウンで道案内をし合う。
第7時	帯活動④	Over the Horizon　映像や音声を手がかりにして，世界の標識や地図記号について考え，日本と世界の文化に対する理解を深める。
第8時		Over the Horizon　映像や音声を手がかりにして，日本に住む外国人やお好み焼きについて考え，日本と世界の文化に対する理解を深める。

単元のタスク活動（第6時）

□活動概要

ここでは，インフォメーションギャップのある活動を行う。空欄部分に仮想の施設を設定し，異なる地図を2種類準備する。異なる地図をもつ児童同士がやり取りし，自分の目的地までの道案内を受ける。

全体での答え合わせを兼ねて，全体の前で児童に道案内をさせたり，代表ペアでのやり取りを紹介したりすることができる。

□活動の流れ

❶ 教師のモデルを見る
❷ TASKシートを作成する
❸ 複数回のやり取りをする

> S1: Excuse me. Where is the post office?
> S2: Let's see.
> 　　 Go straight for one block.
> S1: OK. For one block.
> S2: And turn right.
> S1: Turn right.

❹ フィードバックをする（❸❹を適宜行う）
❺ 全体もしくはグループ内で発表する

□ルーブリック　話すこと［やり取り］

観点	知識・技能	思考・判断・表現	主体的に学習に取り組む態度
A	道案内に関する表現を用いて，誤りが少なく，やり取りができている。	相手の理解に応じて，伝えたい内容について，簡単な表現で伝えたり，相手からの質問に答えたりしている。	□必要に応じてジェスチャーを用いている。□相手を意識しながら話している。□アイコンタクトを図っている。（3個○＝A，2個○＝B，1個○＝C）
B	道案内に関する表現を用いて，多少の誤りがあるが，やり取りができている。	伝えたい内容について，簡単な表現で伝えたり，相手からの質問に答えたりしている。	
C	Bに満たない。	Bに満たない。	

05 Survival English

Name:

場所をたずねたり案内したりすることができる

① Excuse me.
すみません

② Where is the post office?
ゆう便局はどこですか？

③ I have a post card for my friend.
友だちへのポストカードがあります

⑥ Oh, thank you.
おぉ，ありがとうございます

⑦ What do you have in your town?
あなたの町には何がありますか？

⑧ Where is the zoo?
動物園はどこですか？

⑨ Oh, it's difficult.
あぁ，むずかしいな

⑩ No, I can't.
いいえ，読めません

⑪ It's a good idea.
いい考えですね

⑫ Have a nice day.
良い一日を

❶ Yes.
はい

❷ OK. Let's see.
あぁ　ちょっと待ってね

❸ Go straight for one block.
1ブロックまっすぐに進んで

❹ And turn right.
そして右に曲がってください

❺ You can see it on your left.
左手に見えますよ

❻ You're welcome.
どういたしまして

❼ We have a big zoo.
大きな動物園があります

❽ Look at this map.
この地図を見て

❾ Can you read *Kanji*?
漢字は読めますか？

❿ You can take a bus.
バスに乗れますよ

⓫ The bus stop is very close.
バス停はすぐ近くです

⓬ You, too.
あなたもね

Self-evaluation

項目	（できた）	評価	（できなかった）
相手が理解しやすいように表現を選びながらやり取りすることができた。	4	3	2	1
会話が続くように質問を入れたり，相づちを入れたりすることができた。	4	3	2	1
相手の発表に対してリアクションを心がけた。	4	3	2	1

05 TASK

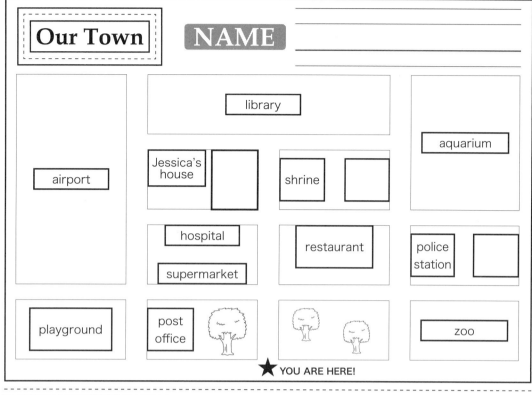

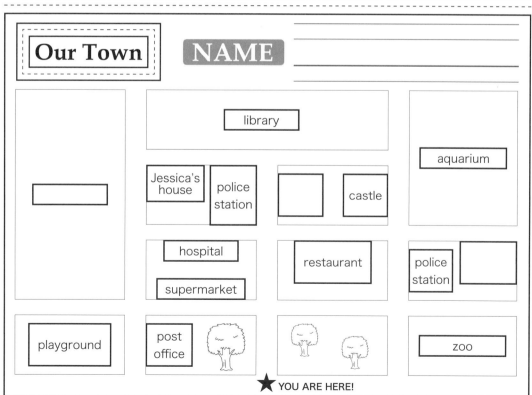

Unit 6 ていねいに注文したり，値段をたずねたりしよう

言語材料

I like tea. / It's 980 yen, please.
What drink do you like? / How much is it?

授業のねらい

単元目標として，「日本各地の料理を楽しむために，食事の注文や値段を聞き取ったり，丁寧に注文したり値段をたずねたりすることができる。また，単語のはじめの音を聞き取ったり，複数の文字の名前を聞いて小文字を書き取ったりすることができる。」を想定している。

ランチを注文するレジでのやり取りの場面を想定しており，お客と店員との対話を意識させて取り組ませたい。

単元指導計画（全8時間）

時間		授業内容
第1時	帯活動①	Starting Out　食事の注文や値段についてのやり取りから，具体的な情報を聞き取る。
第2時		Starting Out　食事の注文や値段についてのやり取りの表現に慣れ，単元のタスク活動への見通しをもつ。
第3時	帯活動②	Your Turn　友達と，食事の注文のやり取りをする。
第4時		Your Turn　友達と，値段を含めた食事の注文のやり取りをする。
第5時	帯活動③	Enjoy Communication　食事や値段について，表現を振り返ったり情報を整理したりして，おすすめランチセットの紹介の内容を考える。
第6時		【単元のタスク活動】 Enjoy Communication　日本各地の料理を楽しむために，「おすすめランチセット」を紹介したり注文したりする。
第7時	帯活動④	Over the Horizon　映像や音声を手がかりにして，世界の料理や食文化について考え，日本と世界の文化に対する理解を深める。
第8時		Over the Horizon　映像や音声を手がかりにして，日本に住む外国人やお茶について考え，日本と世界の文化に対する理解を深める。

第5学年

単元のタスク活動（第6時）

□活動概要

　ここでは，ランチを注文するために，お客と店員によるレジでのやり取りを想定している。難易度を上げるために，裏メニュー（a secret menu）を準備させておき，裏メニューを注文するにはどうすればいいのかを考えさせるのも，児童が積極的に取り組む要因となる。

□活動の流れ

❶ 教師のモデルを見る
❷ TASK シートを作成する
❸ 複数回のやり取りをする

> S1: Hello and welcome!
> S2: Hi.
> S1: What would you like?
> S2: Well ... I'd like beef bowl.
> S1: Anything else?
> S2: I want an ice cream.

❹ フィードバックをする（❸❹を適宜行う）
❺ 全体もしくはグループ内で発表する

□ルーブリック　話すこと［やり取り］

観点	知識・技能	思考・判断・表現	主体的に学習に取り組む態度
A	既習事項を用いて誤りが少なく，やり取りができている。	簡単な表現を用いて，レジでのやり取りを意識し，会話が成り立つように，自分の考えや気持ちを伝えている。	□必要に応じてジェスチャーを用いている。 □相手を意識しながら話している。 □アイコンタクトを図っている。 （3個○＝A，2個○＝B，1個○＝C）
B	既習事項を用いて多少の誤りがあるが，やり取りができている。	簡単な表現を用いて，レジでのやり取りとして自分の考えや気持ちを伝えている。	
C	Bに満たない。	Bに満たない。	

06 Survival English

Name:

ていねいに注文したり，ね段をたずねたりすることができる

① Hello and welcome!
こんにちは，そしてようこそ！

② What would you like?
いかがなさいますか？

③ What drink do you want?
飲み物は何にしますか？

④ What dessert do you want?
デザートは何にしますか？

⑤ Anything else?
他には？

⑥ It's 980 yen, please.
980円になります

⑦ Your change is 20 yen.
おつりが20円です

⑧ How is your beef bowl?
牛丼はどうですか？

⑨ I want to try it next time.
次はそれにしてみるよ

⑩ I'd like fried noodles.
ぼくは焼きそばが好きです

⑪ A little spicy, but delicious.
ちょっとスパイシーだけどおいしいよ

① Hello.
こんにちは

② I'd like beef bowl.
牛丼をください

③ I want green tea.
緑茶がいいな

④ I want an ice cream.
アイスクリームをください

⑤ That's all. How much is it?
以上です　いくらですか？

⑥ Here you are.
どうぞ

⑦ Thank you.
ありがとう

⑧ It's delicious.
おいしいです

⑨ Beef is very popular in this area.
この地いきでは牛肉がとても有名です

⑩ How is it?
どうですか？

⑪ It's good.
それはよかった

Self-evaluation

項目	（できた）	評価	（できなかった）
相手が理解しやすいように表現を選びながらやり取りすることができた。	4	3	2	1
会話が続くように質問を入れたり，相づちを入れたりすることができた。	4	3	2	1
相手の発表に対してリアクションを心がけた。	4	3	2	1

06 TASK

NAME

MENU

rice	130 yen
rice ball	120 yen
hamburger	340 yen
hot dog	290 yen
pizza	500 yen
curry and rice	490 yen
steak	630 yen
salad	240 yen
green tea	150 yen
juice	200 yen
soda	130 yen
water	0 yen

☐ yen + ☐ yen + ☐ yen = ☐ yen

Unit 7　日本の素敵な場所をグループで紹介しよう

言語材料

I like spring. / I want to swim in the sea.
What season do you like? / What do you want to do in Okinawa?

授業のねらい

　単元目標として，「日本各地の魅力を伝えるために，行きたい場所やそこでしたいことなどについて，聞き取ったりグループで紹介したりすることができる。また，単語の終わりの音を聞き取ったり，複数の文字の名前を聞いて小文字を書き取ったりすることができる。」を想定している。
　3，4人程度のグループで紹介する場所を決め，その場所についてのリサーチをし，実際のやり取りは一対一で行うなど，形態については児童の実態に合わせることが望ましい。

単元指導計画（全8時間）

時間		授業内容
第1時	帯活動①	Starting Out　行きたい場所やそこでしたいことについてのやり取りから，具体的な情報を聞き取る。
第2時		Starting Out　行きたい場所やそこでしたいことについてのやり取りの表現に慣れ，単元のタスク活動への見通しをもつ。
第3時	帯活動②	Your Turn　行きたい日本の場所とそこに行きたい理由について，友達と紹介し合う。
第4時		Your Turn　行きたい日本の場所とそこでしたいことなどについて，友達と紹介し合う。
第5時	帯活動③	Enjoy Communication　紹介する地方と行きたい場所やそこでしたいことなどについて，表現を振り返ったり情報を整理したりして，観光案内CMの内容を考える。
第6時		【単元のタスク活動】 Enjoy Communication　日本各地の魅力を伝えるために，観光案内CM（行きたい場所やそこでしたいことなど）を発表する。
第7時	帯活動④	Over the Horizon　映像や音声を手がかりにして，世界に影響を与えている日本文化について考え，日本と世界の文化に対する理解を深める。
第8時		Over the Horizon　映像や音声を手がかりにして，日本に住む外国人について知ったり日本文化について考えたりして，日本と世界の文化に対する理解を深める。

単元のタスク活動（第6時）

□活動概要

　ここでは，紹介したいおすすめスポットやそこでできることなどについて，グループによる発表を想定している。インターネットを活用し，その場所の実際の写真や動画などを提示資料とさせ，より魅力的なプレゼンテーションにするよう指導したい。

　評価については，話すこと［発表］として，プレゼンテーションを評価したり，プレゼンテーション後に設けたQAでの［やり取り］を評価したりすることができる。本書では前者のみを掲載している。

□活動の流れ

❶ 教師のモデルを見る
❷ TASKシートを作成する
❸ 複数回のやり取りをする

> S1: Where do you want to go in Japan?
> S2: I want to go to Kyoto.
> S1: Wow. It's nice. What do you want to do?
> S2: I want to visit temples.
> S1: You can see beautiful temples in Kyoto. Anything else?

❹ フィードバックをする（❸❹を適宜行う）
❺ 全体もしくはグループ内で発表する

□ルーブリック　話すこと［発表］

観点	知識・技能	思考・判断・表現	主体的に学習に取り組む態度
A		提示資料を効果的に見せながら，聞き手の理解を確認しつつ，自分の言葉で発表している。	□資料を適切に提示している。 □聞き手を意識し，理解を確認しながら行っている。 □適切な声量で発表している。 （3個○＝A，2個○＝B，1個○＝C）
B		自分の言葉で伝えることができている。	
C		Bに満たない。	

※「思考・判断・表現」と「主体的に学習に取り組む態度」を一体的に評価することが考えられます。
※「知識・技能」については，提示資料をもとに，聞き手の理解を確認しながら，自分の言葉で語れるかを評価するため，評価対象としていません。

07 Survival English

Name:

日本のすてきな場所をグループでしょうかいすることができる

① Hi. Welcome to Japan.
やぁ ようこそ日本へ

② Where do you want to go in Japan?
あなたは日本のどこに行きたいですか？

③ Why do you want to go to Kyoto?
なぜ京都に行きたいのですか？

④ Do you like Japanese culture?
日本文化が好きですか？

⑤ What do you want to do in Kyoto?
京都では何がしたいですか？

⑥ That sounds nice.
それはいいね

⑦ I want to go to Okinawa.
ぼくは沖縄に行きたいです

⑧ I want to swim in the beautiful sea.
きれいな海で泳ぎたいな

⑨ Yes, I can.
はい，泳げます

⑩ I want to eat pineapples.
パイナップルが食べたいです

⑪ Thank you for listening.
聞いてくれてありがとう

① Nice to meet you.
はじめまして

② I want to go to Kyoto.
私は京都に行きたいです

③ I want to visit temples.
お寺に行ってみたいです

④ Yes, I do.
はい

⑤ I want to eat *yatsuhashi*.
八ツ橋を食べたいです

⑥ Where do you want to go in Japan?
あなたは日本のどこに行きたいですか？

⑦ What do you want to do in Okinawa?
沖縄では何がしたいですか？

⑧ Can you swim?
泳げますか？

⑨ Anything else?
他には？

⑩ It's very famous.
とても有名ですね

⑪ Thank you.
ありがとう

Self-evaluation

項目	（できた）	評価	（できなかった）
相手が理解しやすいように表現を選びながらやり取りすることができた。	4	3	2	1
会話が続くように質問を入れたり，相づちを入れたりすることができた。	4	3	2	1
相手の発表に対してリアクションを心がけた。	4	3	2	1

07 TASK

Map of Japan

Name:

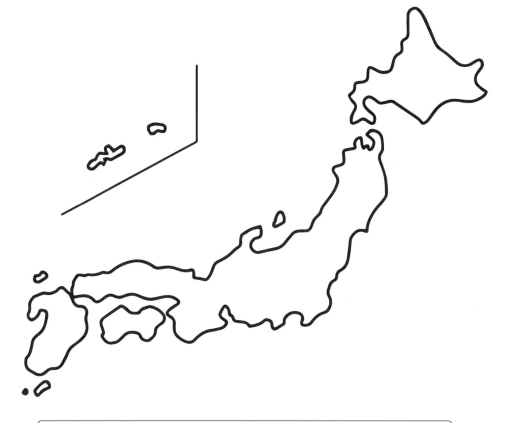

Unit 8 あこがれの人について紹介し合おう

言語材料

My hero is …. / He is good at playing tennis.
Are you active? / Who is your hero? / Are you good at playing baseball?

授業のねらい

　単元目標として，「お互いのことをよく知るために，憧れの人の職業や得意なことなどについて，聞き取ったり紹介したりすることができる。また，単語の終わりの音を聞き取ったり，複数の文字の名前を聞いて大文字と小文字を書き取ったりすることができる。」を想定している。

　憧れの人について，今まで学習した表現を活用し，より表現豊かに伝え合うように指導したい。

単元指導計画（全8時間）

時間		授業内容
第1時	帯活動①	Starting Out　憧れの人についてのやり取りから，具体的な情報を聞き取る。
第2時		Starting Out　憧れの人についてのやり取りの表現に慣れ，単元のタスク活動への見通しをもつ。
第3時	帯活動②	Your Turn　憧れの人やその人の職業について，友達と紹介し合う。
第4時		Your Turn　憧れの人やその人の得意なことなどについて，友達と紹介し合う。
第5時	帯活動③	Enjoy Communication　憧れの人の職業や得意なことなどについて，表現を振り返ったり情報を整理したりして，友達に紹介する内容を考える。
第6時		【単元のタスク活動】 Enjoy Communication　お互いのことをよく知るために，憧れの人の職業や得意なことなどについて友達に紹介する。
第7時	帯活動④	Over the Horizon　映像や音声を手がかりにして，日本のヒーローについて考え，日本と世界の文化に対する理解を深める。
第8時		Over the Horizon　映像や音声を手がかりにして，日本に住む外国人や漆・輪島塗の作品について考え，日本と世界の文化に対する理解を深める。

単元のタスク活動（第6時）

□活動概要

　ここでは，1年間で学習した表現をフル活用して取り組む。自分の憧れの人やその職業について紹介し合う。TASKシートに書かれていないことについて，相手からの質問に答えるなど，より自然なやり取りになるようなモデルを示したい。

□活動の流れ

❶ 教師のモデルを見る

❷ TASKシートを作成する

❸ 複数回のやり取りをする

> S1: Look at this picture.
> S2: Who is this?
> S1: He is my hero.
> S2: What's his name?
> S1: He is ....
> S2: Tell me more.

❹ フィードバックをする（❸❹を適宜行う）

❺ 全体もしくはグループ内で発表する

□ルーブリック　話すこと［やり取り］

観点	知識・技能	思考・判断・表現	主体的に学習に取り組む態度
A	既習事項を用いて誤りが少なく，やり取りができている。	相手に紹介人物のことを理解してもらえるように，分かりやすい表現を用いて伝えたり，相手からの質問に答えたりしている。	□非言語的コミュニケーションが自然にできている。 □相手を意識しながら話している。 □アイコンタクトを図っている。 （3個○＝A，2個○＝B，1個○＝C）
B	既習事項を用いて多少の誤りがあるが，やり取りができている。	相手に紹介人物のことを理解してもらえるように伝えたり，相手からの質問に答えたりしている。	
C	Bに満たない。	Bに満たない。	

08 Survival English

Name:

あこがれの人についてしょうかいし合うことができる

① Look at this picture.
この写真を見て

② This is OHTANI Shohei.
こちらは大谷翔平さんです

③ Yes. He is a famous baseball player.
はい 彼は有名な野球選手です

④ He has a dog.
彼は犬を飼っています

⑤ He can speak English.
彼は英語を話すことができます

⑥ Who is your hero?
あなたのヒーローはだれですか？

⑦ Why is he your hero?
なぜ彼がヒーローなの？

⑧ Really?
本当？

⑨ Can he speak English well?
彼が英語を上手に話せますか？

⑩ Do you want to watch the game?
試合を見たいですか？

⑪ Do you want to play basketball with him?
彼とバスケをしてみたいですか？

⑫ Thank you for listening.
聞いてくれてありがとう

① Who is this?
これはだれですか？

② Is he famous?
彼は有名ですか？

③ Tell me more.
もっと教えて

④ Wow, it's cute.
わぁ，かわいい

⑤ I want to see him.
彼に会ってみたいな

⑥ My hero is HACHIMURA Rui.
ぼくのヒーローは八村塁選手です

⑦ He is NBA basketball player.
彼はNBAのバスケットボール選手です

⑧ He is good at playing basketball.
彼はバスケが上手です

⑨ Sure. He can speak English.
もちろん 彼は英語を話すことができます

⑩ Yes, I do.
はい

⑪ Of course.
もちろんだよ

⑫ Thank you.
ありがとう

Self-evaluation

項目	（できた）	評価		（できなかった）
相手が理解しやすいように表現を選びながらやり取りすることができた。	4	3	2	1
会話が続くように質問を入れたり，相づちを入れたりすることができた。	4	3	2	1
相手の発表に対してリアクションを心がけた。	4	3	2	1

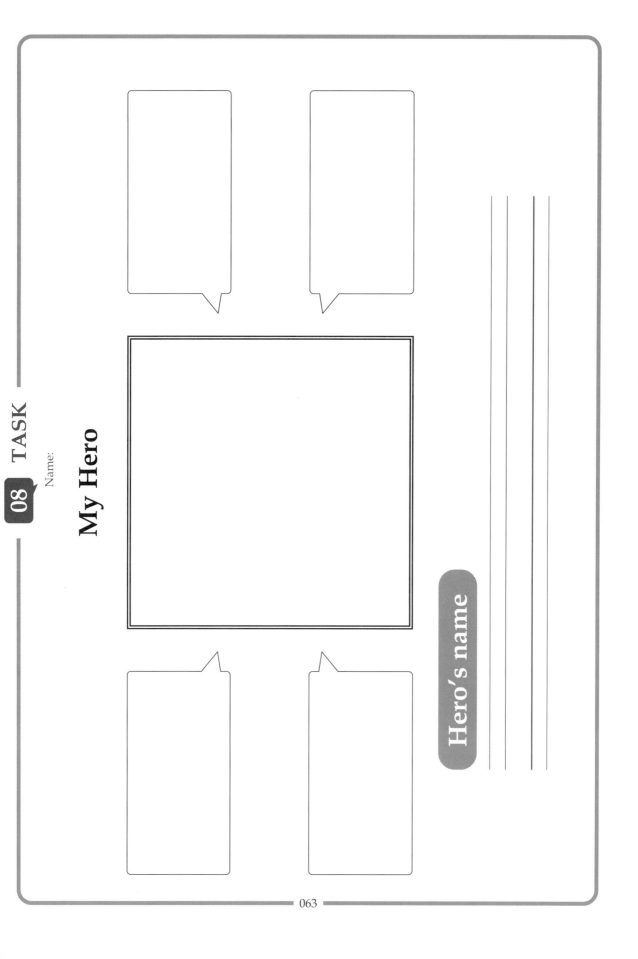

Chapter 3

第6学年 Survival English & 単元のタスク活動アイデア

- **01** 【Unit 1】好きなものや宝物などについて紹介し合おう
  p.066
- **02** 【Unit 2】日常生活について紹介し合おう
  p.070
- **03** 【Unit 3】週末にしたことを伝え合おう
  p.074
- **04** 【Unit 4】世界の行きたい国について紹介し合おう
  p.078
- **05** 【Unit 5】世界とのつながりを考え，グループで発表しよう
  p.082
- **06** 【Unit 6】生き物のためにできることを発表し合おう
  p.086
- **07** 【Unit 7】小学校生活の一番の思い出を伝え合おう
  p.090
- **08** 【Unit 8】中学校生活や将来の夢について伝え合おう
  p.094

Unit 1 01 好きなものや宝物などについて紹介し合おう

言語材料

My treasure is .... / It's from .... / I like ....

What is your treasure? / What sport do you like?

授業のねらい

　単元目標として、「お互いのことをよく知るために、好きなものや宝物などについて、聞き取ったり紹介したりすることができる。また、好きなものや宝物などについて、例文を読んだり、それを参考に書いたりすることができる。」を想定している。

　5年最初の単元で自己紹介を扱っているため、1年前の自分よりも成長できていることを実感させる活動にしたい。授業後半には、1年前のSurvival English・TASKシートなどを振り返らせることも有効である。

単元指導計画（全8時間）

時間		授業内容
第1時	帯活動①	Starting Out　好きなものや宝物などについてのやり取りの概要を捉える。
第2時		Starting Out　好きなものや宝物などについてのやり取りの表現に慣れ、単元のタスク活動への見通しをもつ。
第3時	帯活動②	Your Turn　好きなものについて、友達と紹介し合ったり書いたりする。
第4時		Your Turn　宝物とその理由について、友達と紹介し合ったり書いたりする。
第5時	帯活動③	Enjoy Communication　好きなものや宝物などについて、表現を振り返ったり情報を整理したりして、発表の内容を考える。
第6時		【単元のタスク活動】 Enjoy Communication　お互いのことをよく知るために、好きなものや宝物などを紹介し合う。
第7時	帯活動④	Over the Horizon　映像や音声を手がかりにして、世界の子供たちの大切なものなどについて考え、世界の文化に対する理解を深める。
第8時		Over the Horizon　映像や音声を手がかりにして、外国の子供のことやその国の特徴について考える。また、音声やイラストを参考にして物語を読む。

第5学年　第6学年

単元のタスク活動（第6時）

□活動概要

　ここでは，6年最初の活動となるため，お互いをさらに詳しく知ることのできる自己紹介としたい。自分の宝物について，理由をつけて紹介することを想定している。

　やり取りの中で，Why? という表現を用いて理由をたずねたり，お互いの宝物の紹介から会話を広げていくような指導をしたい。

□活動の流れ

❶ 教師のモデルを見る
❷ TASKシートを作成する
❸ 複数回のやり取りをする

> S1: Look at this picture.
> S2: What is your treasure?
> S1: My treasure is this uniform.
> S2: Why?
> S1: It's from my friend.
> S2: Do you like soccer?

❹ フィードバックをする（❸❹を適宜行う）
❺ 全体もしくはグループ内で発表する

□ルーブリック　話すこと［やり取り］

観点	知識・技能	思考・判断・表現	主体的に学習に取り組む態度
A	既習事項を用いて誤りが少なく，やり取りができている。	自己紹介をより分かりやすくするために，TASKシートを見せるタイミングや見せ方を工夫し，既習事項を用いてやり取りしている。	□TASKシートを見せるタイミングや見せ方の工夫がある。 □相手を意識しながら話している。 □ジェスチャーなどを効果的に取り入れている。 （3個○＝A，2個○＝B，1個○＝C）
B	既習事項を用いて多少の誤りがあるが，やり取りができている。	TASKシートを見せながら，既習事項を用いてやり取りしている。	
C	Bに満たない。	Bに満たない。	

01 Survival English

Name:

好きなものや宝物などについてしょうかいし合うことができる

① Hi. I'm Nadia.
やぁ 私はナディアです

② What sport do you like?
どんなスポーツが好きですか?

③ What is your treasure?
あなたの宝物は何ですか?

④ Why?
なぜ?

⑤ What animal do you like?
どんな動物が好きですか?

⑥ Do you have a dog?
犬を飼っていますか?

⑦ What color do you like?
何色が好きですか?

⑧ I like black, too.
私も黒色が好きです

⑨ What subject do you like?
何の教科が好きですか?

⑩ Why?
なぜ?

⑪ What country do you want to go?
どの国に行ってみたいですか?

⑫ Do you like animals?
動物は好きですか?

⑬ Thank you.
ありがとう

---

① Hi, Nadia.
やぁナディア

② I like soccer.
ぼくはサッカーが好きだよ

③ My treasure is this uniform.
ぼくの宝物はこのユニフォーム

④ It's from my friend.
友だちからもらったんだ

⑤ I like dogs.
犬が好きです

⑥ Yes, I do.
はい

⑦ I like black and green.
ぼくは黒色と緑色が好きです

⑧ It's good.
それはいいね

⑨ I like English.
英語が好きです

⑩ I can talk with ALT in English.
ALTと英語で話せるからだよ

⑪ I want to go to Australia.
オーストラリアに行きたい

⑫ Yes. I love koalas.
はい コアラが大好き

⑬ Thank you.
ありがとう

Self-evaluation

項目	(できた)	評価	(できなかった)
相手が理解しやすいように表現を選びながらやり取りすることができた。	4	3	2　1
会話が続くように質問を入れたり，相づちを入れたりすることができた。	4	3	2　1
相手の発表に対してリアクションを心がけた。	4	3	2　1

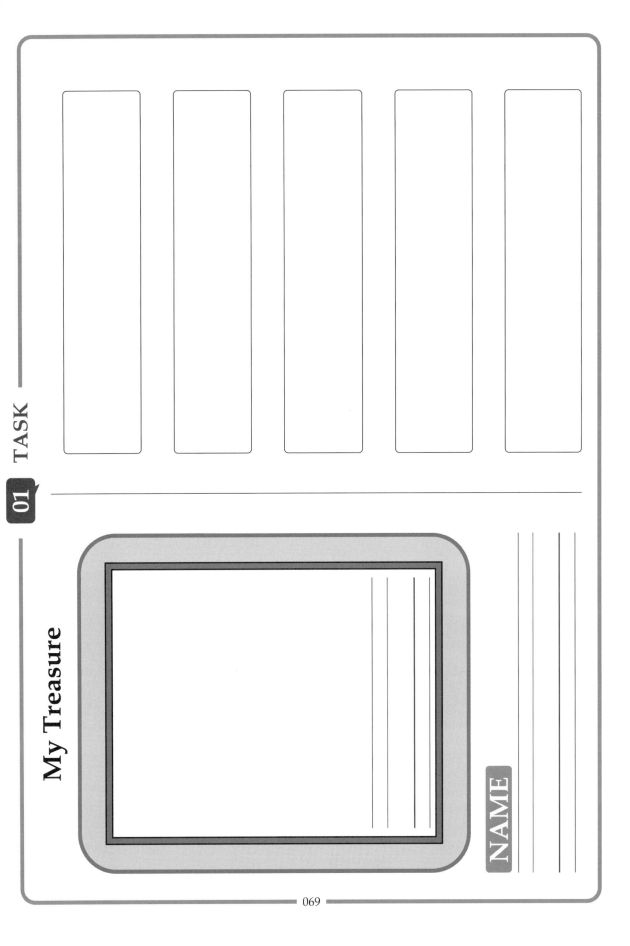

Unit 2
02 日常生活について紹介し合おう

言語材料

I usually get up at .... / I go to bed at ....

What time do you get up? / What time do you go to bed?

授業のねらい

　単元目標として，「お互いの生活をよく知るために，日常生活について，聞き取ったり紹介したりすることができる。また，週末の過ごし方について，例文を読んだり，それを参考に書いたりすることができる。」を想定している。

　日常生活の表現については，ある程度決まったものになるので，しっかりと定着を図りたい。

単元指導計画（全8時間）

時間		授業内容
第1時	帯活動①	Starting Out　日常生活についてのやり取りの概要を捉える。
第2時		Starting Out　日常生活についてのやり取りの表現に慣れ，単元のタスク活動への見通しをもつ。
第3時	帯活動②	Your Turn　週末の過ごし方について，友達と紹介し合ったり書いたりする。
第4時		Your Turn　日常生活について，友達と紹介し合ったり書いたりする。
第5時	帯活動③	Enjoy Communication　日常生活について，表現を振り返ったり情報を整理したりして，発表の内容を考える。
第6時		【単元のタスク活動】 Enjoy Communication　お互いの生活をよく知るために，週末の過ごし方を紹介し合う。
第7時	帯活動④	Over the Horizon　映像や音声を手がかりにして，世界の学校や子供たちの生活などについて考え，世界の文化に対する理解を深める。
第8時		Over the Horizon　映像や音声を手がかりにして，外国の子供のことやその国の特徴について考える。また，音声やイラストを参考にして物語を読む。

単元のタスク活動（第6時）

□活動概要

　ここでは，日常の生活について伝え合う活動を展開する。TASKシートに示しているような，起床や就寝の時間を問うだけではなく，Survival Englishのように，日常生活のやり取りの中から話題を展開できるように指導したい。例としては，次に示すS1とS2のやり取りを参考にしていただきたい。

□活動の流れ

❶ 教師のモデルを見る
❷ TASKシートを作成する
❸ 複数回のやり取りをする

> S1: What time do you play video games?
> S2: I usually play video games after lunch.
> S1: Do you play tennis?
> S2: Yes, I do.
> S1: Where do you play tennis?
> S2: I play tennis at the park.

❹ フィードバックをする（❸❹を適宜行う）
❺ 全体もしくはグループ内で発表する

□ルーブリック　話すこと［やり取り］

観点	知識・技能	思考・判断・表現	主体的に学習に取り組む態度
A	既習事項を用いて，正確にやり取りができている。	相手が理解できる発話になっており，伝えたい内容について，必要に応じて時間などの情報を加えてやり取りしている。	□関連した内容の質問をしている。 □相づちを打ったり，反応したりしている。 □相手を意識しながら話している。 （3個○＝A，2個○＝B，1個○＝C）
B	既習事項を用いて多少の誤りがあるが，やり取りができている。	やや理解困難な発話もあるが，伝えたい内容についてやり取りしている。	
C	Bに満たない。	Bに満たない。	

02 Survival English

Name:

日常生活についてしょうかいし合うことができる

① Show me your weekend schedule.
週末の予定を見せてください

② What time do you get up?
何時に起きますか？

③ What do you eat for breakfast?
朝食には何を食べますか？

④ What time do you do your homework?
何時に宿題をしますか？

⑤ What time do you play video games?
何時にゲームをしますか？

⑥ Do you play tennis?
テニスをしますか？

⑦ Where do you play tennis?
どこでテニスをしますか？

⑧ What time do you take a bath?
何時にお風呂に入りますか？

⑨ What time do you have dinner?
何時に夕食を食べますか？

⑩ Do you watch TV at night?
夜にはテレビを見ますか？

⑪ Oh, really?
ええ，本当？

⑫ What time do you go to bed?
何時に寝ますか？

⑬ Thank you for talking.
ありがとう

① OK. This is my weekend schedule.
いいよ　これが私の週末の予定です

② I usually get up at 6 a.m.
私はいつも6時に起きます

③ I eat bread and milk.
パンと牛乳を食べます

④ I do my homework at 9 a.m.
9時に宿題をします

⑤ I usually play video game after lunch.
いつも昼食のあとにゲームをします

⑥ Yes, I do.
はい

⑦ I play tennis at the park.
公園でテニスをします

⑧ I usually take a bath at 8 p.m.
いつも8時にお風呂に入ります

⑨ I have dinner at 7 p.m.
7時に夕食を食べます

⑩ No, I don't.
いいえ

⑪ I usually watch YouTube.
いつも YouTube を見ます

⑫ I usually go to bed at 9 p.m.
9時に寝ます

⑬ It's your turn.
次は君の番だね

Self-evaluation

項目	（できた）	評価		（できなかった）
相手が理解しやすいように表現を選びながらやり取りすることができた。	4	3	2	1
会話が続くように質問を入れたり，相づちを入れたりすることができた。	4	3	2	1
相手の発表に対してリアクションを心がけた。	4	3	2	1

Unit 3 03 週末にしたことを伝え合おう

言語材料

It was fun. / I enjoyed taking pictures.
How was your summer vacation? / What did you do?

授業のねらい

　単元目標として，「お互いの生活をよく知るために，週末にしたことについて，聞き取ったり伝えたりすることができる。また，週末にしたことについて，例文を読んだり，それを参考に書いたりすることができる。」を想定している。

　過去形の表現が新出する単元であるが，まずは Survival English を見て，形が違う（-ed, went など）ことに「気付き」をもたせたい。また，発音（特に -ed）についても，音声面での違いを文字とリンクさせたい。

単元指導計画（全8時間）

時間		授業内容
第1時	帯活動①	Starting Out　週末にしたことについてのやり取りの概要を捉える。
第2時		Starting Out　週末にしたことについてのやり取りの表現に慣れ，単元のタスク活動への見通しをもつ。
第3時	帯活動②	Your Turn　週末にしたことについて，友達と伝え合ったり書いたりする。
第4時		Your Turn　週末についての感想やしたことを伝え合ったり書いたりする。
第5時	帯活動③	Enjoy Communication　週末についての感想やしたことについて，表現を振り返ったり情報を整理したりして，やり取りで伝える内容を考える。
第6時		【単元のタスク活動】 Enjoy Communication　お互いの生活をよく知るために，週末にしたことを伝え合う。
第7時	帯活動④	Over the Horizon　映像や音声を手がかりにして，世界の人が休みの日にしていることなどについて考え，世界の文化に対する理解を深める。
第8時		Over the Horizon　映像や音声を手がかりにして，外国の子供のことやその国の特徴について考える。また，音声やイラストを参考にして物語を読む。

単元のタスク活動（第6時）

□活動概要

　ここでは，週末の生活について伝え合う活動を展開する。「あなたは週末に何をしましたか？」に対する答えとして，「私は釣りに行きました」で終わるような単調なやり取りではなく，談話へと展開されるようなやり取りになるよう，次に示すS1とS2のやり取りを参考にしていただきたい。

□活動の流れ

❶ 教師のモデルを見る
❷ TASKシートを作成する
❸ 複数回のやり取りをする

> S1: Where did you go?
> S2: I went to Tokyo Disneyland.
> S1: What did you do?
> S2: I enjoyed taking pictures.
> S1: What character do you like?
> S2: I love Micky Mouse.

❹ フィードバックをする（❸❹を適宜行う）
❺ 全体もしくはグループ内で発表する

□ルーブリック　話すこと［やり取り］

観点	知識・技能	思考・判断・表現	主体的に学習に取り組む態度
A	既習事項を用いて，正確にやり取りができている。	簡単な表現を用いて，質問に答えるだけでなく，会話が継続するよう，情報を付け足しながら自分の考えや気持ちを伝えている。	□関連した内容の質問をしている。 □相づちを打ったり，反応したりしている。 □ジェスチャーなどを効果的に取り入れている。 （3個○＝A，2個○＝B，1個○＝C）
B	既習事項を用いて多少の誤りがあるが，やり取りができている。	簡単な表現を用いて，自分の考えや気持ちを伝えている。	
C	Bに満たない。	Bに満たない。	

03 Survival English

Name:

週末にしたことを伝え合うことができる

① How was your weekend?
週末はどうでしたか？

② Where did you go?
どこに行きましたか？

③ What did you do?
何をしましたか？

④ What character do you like?
何のキャラクターが好きですか？

⑤ Why?
なぜ？

⑥ I think so, too.
ぼくもそう思うよ

⑦ It was good.
よかったよ

⑧ I went to Koshien Studium with my family.
家族と甲子園球場に行きました

⑨ We enjoyed watching a baseball game.
野球の試合を見て楽しみました

⑩ Yes, I do. How about you?
はい　　　あなたはどうですか？

⑪ What do you do this weekend?
この週末は何をしますか？

⑫ Let's play baseball together.
一しょに野球をやろうよ

① It was fun.
楽しかったです

② I went to Tokyo Disneyland.
東京ディズニーランドに行きました

③ I enjoyed taking pictures.
写真をとって楽しみました

④ I love Micky Mouse.
ミッキーマウスが大好きです

⑤ Micky is very cute.
ミッキーはとてもかわいいです

⑥ How was your weekend?
あなたの週末はどうでしたか？

⑦ Where did you go?
どこに行ったの？

⑧ What did you do?
何をしたのですか？

⑨ Do you play baseball?
あなたは野球をしますか？

⑩ I like baseball.
野球は好きです

⑪ I have no idea.
特にないよ

⑫ It sounds good.
それはいいね

Self-evaluation

項目	（できた）	評価	（できなかった）
相手が理解しやすいように表現を選びながらやり取りすることができた。	4	3	2	1
会話が続くように質問を入れたり，相づちを入れたりすることができた。	4	3	2	1
相手の発表に対してリアクションを心がけた。	4	3	2	1

03 TASK

Name:

My Weekend

Unit 4 04 世界の行きたい国について紹介し合おう

言語材料

I want to go to Australia. / I want to eat big hamburgers.
Where do you want to go? / What do you want to eat?

授業のねらい

　単元目標として、「行きたい国の魅力を伝えるために、行きたい国とそこでできることについて、聞き取ったり伝えたりすることができる。また、行きたい国とそこでできることについて、例文を読んだり、それを参考に書いたりすることができる。」を想定している。
　タブレット端末などを活用し、写真やプレゼンテーションにキーワードを書かせ、それらを示しながら紹介することで、聞き手の視覚補助になり、話し手の発話補助にもなる。

単元指導計画（全8時間）

時間		授業内容
第1時	帯活動①	Starting Out　行きたい国とそこでできることについてのやり取りの概要を捉える。
第2時		Starting Out　行きたい国とそこでできることについてのやり取りの表現に慣れ、単元のタスク活動への見通しをもつ。
第3時	帯活動②	Your Turn　行きたい国とそこでできることについて、友達と紹介し合う。
第4時		Your Turn　自分の行きたい国とそこでできることについて調べて、例文を参考に書く。
第5時	帯活動③	Enjoy Communication　行きたい国とそこでできることについて、表現を振り返ったり情報を整理したりして、やり取りで紹介する内容を考える。
第6時		【単元のタスク活動】 Enjoy Communication　行きたい国の魅力を伝えるために、行きたい国とそこでできることを紹介し合う。
第7時	帯活動④	Over the Horizon　映像や音声を手がかりにして、世界遺産の魅力などについて考え、世界の文化に対する理解を深める。
第8時		Over the Horizon　映像や音声を手がかりにして、外国の子供のことやその国の特徴について考える。また、音声やイラストを参考にして物語を読む。

第5学年　第6学年

単元のタスク活動（第6時）

□活動概要

　自分が行きたい国の代表的なものをイラストや写真で示し，さらにその理由や自分の考えを伝え合う。話し手が一方的に話して終わることがないように，イラストや写真をヒントにして聞き手から質問をしたり，話を深めたりすることを意識させたい。教師がモデルを示しながら，話し手の発話内容を繰り返したり，自分の考えを伝えたりするような，次に示すS1とS2のやり取りを意識させたい。

□活動の流れ

❶ 教師のモデルを見る
❷ TASKシートを作成する
❸ 複数回のやり取りをする

> S1: Where do you want to go?
> S2: I want to go to Australia.
> S1: Oh, Australia.
> S2: I want to see koalas.
> S1: I love koalas.
> S2: Oh, really?

❹ フィードバックをする（❸❹を適宜行う）
❺ 全体もしくはグループ内で発表する

□ルーブリック　話すこと［やり取り］

観点	知識・技能	思考・判断・表現	主体的に学習に取り組む態度
A	既習事項を用いて，正確にやり取りができている。	資料を効果的に見せながら，相手の理解を確認しつつやり取りしている。	□資料を示しながらやり取りしている。 □相手を意識している。 □ジェスチャーなどを効果的に取り入れている。 （3個○＝A，2個○＝B，1個○＝C）
B	既習事項を用いて多少の誤りがあるが，やり取りができている。	自分の言葉でやり取りしている。	
C	Bに満たない。	Bに満たない。	

04 Survival English

Name:

世界の行きたい国についてしょうかいし合うことができる

① Where do you want to go?
どこに行きたいですか？

② What do you want to do?
何がしたいですか？

③ You can see the Sydney Opera House.
シドニーオペラハウスが見れますよ

④ Australia is a beautiful country.
オーストラリアはきれいな国です

⑤ Look at this picture.
この写真を見て

⑥ This country is America.
この国はアメリカです

⑦ What do you want to eat?
何が食べたいですか？

⑧ What do you want to see?
何が見たいですか？

⑨ What sport do you like?
何のスポーツが好きですか？

⑩ You can watch the game of OHTANI Shohei.
大谷翔平選手の試合が見れますよ

⑪ Anything else?
他には？

⑫ It's beautiful.
きれいですね

① I want to go to Australia.
オーストラリアに行きたいです

② I want to see koalas.
コアラに会いたいです

③ It's amazing.
それはすごい

④ Let's go to Australia.
オーストラリアに行きましょう

⑤ What's this country?
この国はどこですか？

⑥ Oh, I want to go to America.
おぉ，アメリカに行きたい

⑦ I want to eat big hamburgers.
大きなハンバーガーが食べたいです

⑧ I want to see the Statue of Liberty.
自由の女神を見たいです

⑨ I like baseball.
野球が好きです

⑩ I want to see OHTANI Shohei.
大谷翔平選手に会いたいです

⑪ Well ... I want to visit Niagara Falls.
えっと…ナイアガラの滝に行きたいです

⑫ Let's go to America.
アメリカに行きましょう

Self-evaluation

項目	(できた)		評価	(できなかった)
相手が理解しやすいように表現を選びながらやり取りすることができた。	4	3	2	1
会話が続くように質問を入れたり，相づちを入れたりすることができた。	4	3	2	1
相手の発表に対してリアクションを心がけた。	4	3	2	1

04 TASK

Name:

見られるもの

Let's go to the world.

Unit 5 世界とのつながりを考え，グループで発表しよう

言語材料

Vietnam is in Asia. / It's from ….
Where is Vietnam? / Where is your water bottle from?

授業のねらい

単元目標として，「自分たちと世界とのつながりを知るために，身の回りのものの生産国について，聞き取ったり紹介したりすることができる。また，身の回りのものやその生産国について，例文を読んだり，それを参考に書いたりすることができる。」を想定している。

食品類や衣類の多くは海外からの輸入品が多く，社会科の学習と関連付けて指導することを想定している。社会科で得た知識を，英語で表現することができるような指導をしたい。

単元指導計画（全8時間）

時間		授業内容
第1時	帯活動①	Starting Out　身の回りのものの生産国についてのやり取りの概要を捉える。
第2時		Starting Out　身の回りのものの生産国についてのやり取りの表現に慣れ，単元のタスク活動への見通しをもつ。
第3時	帯活動②	Your Turn　オリジナルサンドイッチを考え，その食材と産地を伝え合ったり書いたりする。
第4時		Your Turn　身の回りのものの生産国やその地域を調べて，例文を参考に書く。
第5時	帯活動③	Enjoy Communication　身の回りのものの生産国について，表現を振り返ったり情報を整理したりして，グループ発表の内容を考える。
第6時		【単元のタスク活動】 Enjoy Communication　自分たちと世界とのつながりについて知るために，身の回りのものの生産国などをグループで伝え合う。
第7時	帯活動④	Over the Horizon　映像や音声を手がかりにして，日本と世界との交流の歴史などについて考え，日本と世界のつながりに対する理解を深める。
第8時		Over the Horizon　映像や音声を手がかりにして，外国の子供のことやその国の特徴について考える。また，音声やイラストを参考にして物語を読む。

第5学年　第6学年

単元のタスク活動（第6時）

□活動概要

　自分が調べたものを使って相手に説明をし，お互いのやり取りが終わったら，TASKシートを交換して，級友が紹介した内容を第三者に紹介するなどの負荷をかけた活動に展開することが可能である。第三者に紹介するためには，相手の発話を聞き取り，理解し，さらに自分の言葉で紹介する必要があり，難易度の高い活動となる。

□活動の流れ

❶ 教師のモデルを見る
❷ TASKシートを作成する
❸ 複数回のやり取りをする

> S1: What's this?
> S2: It's my favorite T-shirt.
> S1: Where is it from?
> S2: It's from Vietnam.
> S1: Where is Vietnam?
> S2: Vietnam is in Asia.

❹ フィードバックをする（❸❹を適宜行う）
❺ 全体もしくはグループ内で発表する

□ルーブリック　話すこと［やり取り］

観点	知識・技能	思考・判断・表現	主体的に学習に取り組む態度
A	既習事項を用いて，正確にやり取りができている。	資料を効果的に見せながら，相手を意識しながらやり取りしている。	□資料を示しながらやり取りしている。 □相手を意識している。 □ジェスチャーなどを効果的に取り入れている。 （3個○＝A，2個○＝B，1個○＝C）
B	既習事項を用いて多少の誤りがあるが，やり取りができている。	資料を効果的に見せながらやり取りしている。	
C	Bに満たない。	Bに満たない。	

05 Survival English

Name:

世界とのつながりを考え，グループで発表することができる

① Hello.
やぁ

② What's that?
それは何？

③ Oh, it's cute.
おぉ，かわいいね

④ Where is it from?
それはどこでできたもの？

⑤ Where is Vietnam?
ベトナムってどこ？

⑥ I want to go to Vietnam.
ベトナムに行ってみたい

⑦ What's this?
これは何ですか？

⑧ What is BLT?
BLTって何？

⑪ Oh, I see.
なるほどね

⑫ Tell me about your sandwich.
そのサンドイッチについて教えて

⑬ Oh, really?
本当に？

---

① Hello.
こんにちは

② It's my favorite T-shirt.
お気に入りのTシャツです

③ Thank you.
ありがとう

④ It's from Vietnam.
ベトナムです

⑤ Vietnam is in Asia.
ベトナムはアジアにあります

⑥ Let's go to Vietnam.
ベトナムに行きましょう

⑦ This is my favorite BLT sandwich.
これはお気に入りのBLTサンドイッチです

⑧ B is for bacon.
Bはベーコン

⑨ L is for lettuce.
Lはレタス

⑩ T is for tomato.
Tはトマト

⑪ It's very delicious.
とてもおいしいですよ

⑫ This bacon is from Italy.
このベーコンはイタリアのものです

⑬ It's very good.
すごくおいしいんだよ

Self-evaluation

項目	（できた）	評価	（できなかった）
相手が理解しやすいように表現を選びながらやり取りすることができた。	4	3	2	1
会話が続くように質問を入れたり，相づちを入れたりすることができた。	4	3	2	1
相手の発表に対してリアクションを心がけた。	4	3	2	1

05 TASK

Name:

Where is it from?

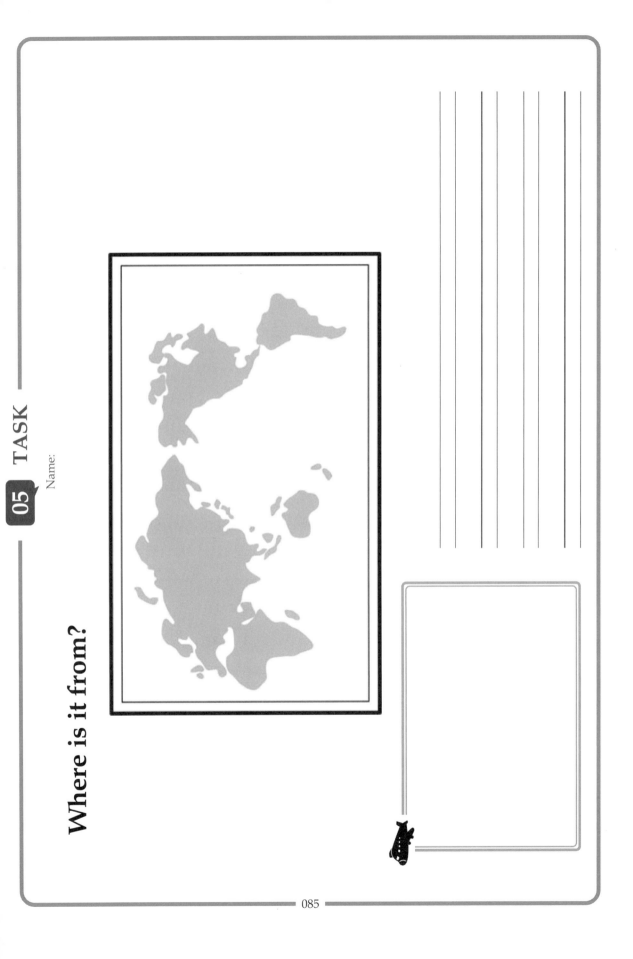

Unit 6　生き物のためにできることを発表し合おう

言語材料

Lions live in the savanna. / We can use eco bags.
Where do lions live? / What can we do for the sea turtles?

授業のねらい

　単元目標として，「生き物への理解を深めるために，生き物が暮らす場所や直面する問題，生き物のためにできることについて，聞き取ったり伝えたりすることができる。また，それらについて，例文を読んだり，例文を参考に書いたりすることができる。」を想定している。

　世界や日本の絶滅危惧種について，環境省のホームページなどを参考にし，どういった動植物が絶滅の危機にさらされているのか，また自分たちにできることは何かを考えさせたい。

単元指導計画（全8時間）

時間		授業内容
第1時	帯活動①	Starting Out　世界が抱える環境問題などについてのやり取りの概要を捉える。
第2時		Starting Out　世界が抱える環境問題などについてのやり取りの表現に慣れ，単元のタスク活動への見通しをもつ。
第3時	帯活動②	Your Turn　生き物が暮らす場所について，友達とたずね合う。
第4時		Your Turn　生き物のためにできることについて読んだり，生き物が暮らす場所や抱えている問題について例文を参考に書いたりする。
第5時	帯活動③	Enjoy Communication　救いたい生き物や身近でできることについて，表現を振り返ったり情報を整理したりして，発表の内容を考える。
第6時		【単元のタスク活動】 Enjoy Communication　生き物への理解を深めるために，生き物のことや身近でできることを伝え合う。
第7時	帯活動④	Over the Horizon　映像や音声を手がかりにして，世界の生き物と日本の関係について考え，世界の生き物が抱えている問題に対する理解を深める。
第8時		Over the Horizon　映像や音声を手がかりにして，外国の子供のことやその国の特徴について考える。また，音声やイラストを参考にして物語を読む。

第5学年　第6学年

単元のタスク活動（第6時）

□活動概要

　まずは TASK シートに自分が紹介したい生き物のことなどをまとめ，それらを用いたやり取りをしっかりと練習させたい。さらに，Survival English にあるような質問をされたら，自分であればどのように対応していくのかという視点で考えさせたい。

　実際の発表では，Survival English をもとにした「やり取り」の形式で行うことも可能である。

□活動の流れ

❶ 教師のモデルを見る
❷ TASK シートを作成する
❸ 複数回のやり取りをする

> S1: What animal do you like?
> S2: I love pandas.
> S1: Where do pandas live?
> S2: Pandas live in forests.
> S1: Really?
> S2: Yes. Pandas live in China.

❹ フィードバックをする（❸❹を適宜行う）
❺ 全体もしくはグループ内で発表する

□ルーブリック　話すこと［やり取り］

観点	知識・技能	思考・判断・表現	主体的に学習に取り組む態度
A	既習事項を用いて，正確にやり取りができている。	簡単な表現を用いて，自分の紹介したい生き物などのことを伝えるだけでなく，相手に質問したり答えたりしながら，自分の考えや気持ちを伝えている。	□相手に質問をしている。 □アイコンタクトを図っている。 □相づちを打ったり，反応したりしている。 （3個○＝A，2個○＝B，1個○＝C）
B	既習事項を用いて多少の誤りがあるが，やり取りができている。	簡単な表現を用いて，自分の紹介したい生き物などのことを伝えている。	
C	Bに満たない。	Bに満たない。	

06 Survival English

Name:

生き物のためにできることを発表することができる

① What animal do you like?
どんな動物が好きですか？

② Where do pandas live?
パンダはどこにすんでいますか？

③ Is it safe for pandas?
パンダにとって安全ですか？

④ Why?
なぜ？

⑤ What can we do for pandas?
パンダのために私たちは何ができますか？

⑥ How about tigers?
トラはどうですか？

⑦ Is safe for tigers?
トラにとって安全ですか？

⑧ Why?
なぜ？

⑨ How about sea turtles.
ウミガメはどうですか？

⑩ Is it safe for sea turtles?
ウミガメにとって安全ですか？

⑪ Why?
なぜ？

⑫ What can we do for sea turtles?
ウミガメのために私たちは何ができますか？

⑬ What's the 4Rs?
4Rsって何？

---

① I love pandas.
パンダが好きです

② Pandas live in forests.
パンダは森にすんでいます

③ No.
いいえ

④ Forest loss is a big problem.
森林消失が大きな問題です

⑤ We can use eco bags.
エコバッグを使うことができます

⑥ Tigers live in Africa.
トラはアフリカにすんでいます

⑦ No.
いいえ

⑧ Hunting is a big problem.
ハンティングが大きな問題です

⑨ Sea turtles live in the sea.
ウミガメは海にすんでいます

⑩ No, it isn't.
いいえ

⑪ Plastic is a big problem.
プラスチックが大きな問題です

⑫ We can do the 4Rs.
4Rs をすることができます

⑬ It means Refuse, Reuse, Reduce and Recycles.
受け取らない，再利用，減らす，リサイクルの意味です

Self-evaluation

項目	（できた）	評価		（できなかった）
相手が理解しやすいように表現を選びながらやり取りすることができた。	4	3	2	1
会話が続くように質問を入れたり，相づちを入れたりすることができた。	4	3	2	1
相手の発表に対してリアクションを心がけた。	4	3	2	1

06 TASK

Name:

Save the Animals

あなたが救いたい生き物

その生き物が暮らす場所

その生き物のためにできることやメッセージ

animals

Unit 7 小学校生活の一番の思い出を伝え合おう

言語材料

I like sports day. / It was fun.
What school event do you like? / How was your school trip?

授業のねらい

単元目標として,「お互いのことをよく知るために,小学校生活の一番の思い出について聞き取ったり紹介したりすることができる。また,小学校生活の一番の思い出について,例文を読んだり,それを参考に書いたりすることができる。」を想定している。

Survival English では「やり取り」をイメージして構成しているが,ここでは単元のタスク活動として「スピーチ」を設定している。スピーチを行うまでの練習段階としてペアでのやり取りを中心に練習していくことで,より自分の発話内容を具現化させたい。

また,思い出を発表する場合,多くが過去形を用いることが予想されるため,基本的な動詞の過去形について習得させることができる機会となる。

単元指導計画（全8時間）

時間		授業内容
第1時	帯活動①	Starting Out　小学校生活の思い出についてのやり取りの概要を捉える。
第2時		Starting Out　小学校生活の思い出についてのやり取りの表現に慣れ,単元のタスク活動への見通しをもつ。
第3時	帯活動②	Your Turn　小学校生活の一番の思い出について,友達と伝え合う。
第4時		Your Turn　小学校生活の一番の思い出について読んだり,例文を参考に書いたりする。
第5時	帯活動③	Enjoy Communication　小学校生活の一番の思い出について,表現を振り返ったり情報を整理したりして,やり取りで伝える内容を考える。
第6時		【単元のタスク活動】 Enjoy Communication　お互いのことをよく知るために,小学校生活の一番の思い出などを伝え合う。
第7時	帯活動④	Over the Horizon　映像や音声を手がかりにして,世界の小学校の生活や行事などについて考え,世界の文化に対する理解を深める。
第8時		Over the Horizon　映像や音声を手がかりにして,外国の子供のことやその国の特徴について考える。また,音声やイラストを参考にして物語を読む。

単元のタスク活動（第6時）

□活動概要

　この活動は，あらかじめスピーチ原稿を作成し，発表させるスピーチである。グループ内やクラス全体の前でスピーチをさせることを想定している。

　ただし，発表者である児童が言葉に詰まってしまったような場合，聞き手から質問をして発話を促すなどのやり取りの場面があることが自然である。Survival English での質問に対して自分であればどのように答えるのかを考えさせておきたい。

□活動の流れ

❶ 教師のモデルを見る
❷ TASK シートを作成する
❸ 複数回のやり取りをする

> S1: I'll tell you about my memories.
> 　　My best memory is our school trip.
> 　　We went to Kyoto.
> S2: What did you do?
> S1: We ate ice cream. It was delicious.

❹ フィードバックをする（❸❹を適宜行う）
❺ 全体もしくはグループ内で発表する

□ルーブリック　話すこと［発表］

観点	知識・技能	思考・判断・表現	主体的に学習に取り組む態度
A		自分の考えや思いを，自然な流れでスピーチができている。	□アイコンタクトがとれている。 □必要に応じてジェスチャーを用いている。 □聞き手が理解できるスピードや声量を意識している。 （3個○＝A，2個○＝B，1個○＝C）
B		自分の考えや思いを，多少のつまずきはあるがスピーチをすることができている。	
C		Bに満たない。	

07 Survival English

Name:

小学校生活の一番の思い出を伝え合うことができる

① Hi, what's up?
やぁ，調子はどう？

② Tell me about your best memory.
一番の思い出を教えて

③ What is your best memory?
何が一番の思い出なの？

④ Where did you go?
どこに行ったの？

⑤ What did you do?
何をしたの？

⑥ How was it?
どうだった？

⑦ It sounds good.
いいね

⑧ My best memory is sports day.
一番の思い出は運動会かな

⑨ I enjoyed dancing with my friends.
友だちとのダンスを楽しみました

⑩ No. But I like dancing.
いいえ　でもダンスは好きです

⑪ I enjoyed my school trip, too.
修学旅行も楽しみました

⑫ We went to Todaiji Temple.
私たちは東大寺に行きました

⑬ It was old and great.
古くてすばらしかったですよ

① Good.
ばっちりだよ

② Sure.
もちろん

③ My best memory is our school trip.
一番の思い出は修学旅行かな

④ We went to Kyoto.
私たちは京都に行きました

⑤ We ate ice cream.
アイスクリームを食べました

⑥ It was delicious.
おいしかったです

⑦ What is your best memory?
あなたの一番の思い出は何ですか？

⑧ Why?
なぜ？

⑨ Can you dance well?
ダンスが上手なの？

⑩ It's amazing.
それはすごい

⑪ What did you do?
何をしたの？

⑫ How was it?
どうだった？

⑬ I think so, too.
私もそう思うよ

Self-evaluation

項目	（できた）	評価		（できなかった）
相手が理解しやすいように表現を選びながらやり取りすることができた。	4	3	2	1
会話が続くように質問を入れたり，相づちを入れたりすることができた。	4	3	2	1
相手の発表に対してリアクションを心がけた。	4	3	2	1

07 TASK

Name:

My Best Memory

Unit 8 中学校生活や将来の夢について伝え合おう

言語材料

I want to be .... / I want to join the tennis club.
What do you want to be? / What club do you want to join?

授業のねらい

単元目標として,「お互いの夢を応援するために,将来したいことについて,聞き取ったり伝えたりすることができる。また,中学校で入りたい部活動や将来の夢などについて,例文を読んだり,それを参考に書いたりすることができる。」を想定している。

Survival English では「やり取り」をイメージして構成しているが,ここでは単元のタスク活動として「スピーチ」を設定している。スピーチを行うまでの練習段階としてペアでのやり取りを中心に練習していくことで,より自分の発話内容を具現化させたい。

単元指導計画(全8時間)

時間		授業内容
第1時	帯活動①	Starting Out　中学校でしたいことや将来の夢についてのやり取りの概要を捉える。
第2時		Starting Out　中学校でしたいことや将来の夢についてのやり取りの表現に慣れ,単元のタスク活動への見通しをもつ。
第3時	帯活動②	Your Turn　中学校で入りたい部活動や将来の夢について,友達と伝え合う。
第4時		Your Turn　中学校で入りたい部活動や将来の夢について読んだり,例文を参考に書いたりする。
第5時	帯活動③	Enjoy Communication　中学校で入りたい部活動や将来の夢について,表現を振り返ったり情報を整理したりして,やり取りで伝える内容を考える。
第6時		【単元のタスク活動】 Enjoy Communication　お互いの夢を応援するために,将来したいことなどを伝え合う。
第7時	帯活動④	Over the Horizon　映像や音声を手がかりにして,英語を使う仕事などについて考え,英語で広がる世界に対する理解を深める。
第8時		Over the Horizon　映像や音声を手がかりにして,外国の子供のことやその国の特徴について考える。また,音声やイラストを参考にして物語を読む。

単元のタスク活動（第6時）

□活動概要

ここでは，話すこと［発表］をイメージした活動となる。これまで学習してきたことをフル活用して発表するために，Survival English を用いた練習で，様々な質問に対して答えらえるようにしておきたい。

3，4人グループの中で，お互いに発表し合い，質問し合う形式で行うことも可能である。

□活動の流れ

❶ 教師のモデルを見る

❷ TASK シートを作成する

❸ 複数回のやり取りをする

> S1: I'll tell you about my future.
>   I want to join the science club.
> S2: Why?
> S1: I want to study science. How about you?
> S2: I want to join the tennis club.
> S1: Are you in a club now?

❹ フィードバックをする（❸❹を適宜行う）

❺ 全体もしくはグループ内で発表する

□ルーブリック　話すこと［発表］

観点	知識・技能	思考・判断・表現	主体的に学習に取り組む態度
A		自分の考えや思いを，自然な流れでスピーチができている。	□アイコンタクトがとれている。 □必要に応じてジェスチャーを用いている。 □聞き手が理解できるスピードや声量を意識している。 （3個○＝A，2個○＝B，1個○＝C）
B		自分の考えや思いを，多少のつまずきはあるがスピーチをすることができている。	
C		Bに満たない。	

08 Survival English

Name:

中学校生活や将来の夢について伝え合うことができる

① Hello.
やぁ

② Let's talk about our future.
将来について話そうよ

③ Are you in a club now?
いまクラブに入ってるの？

④ What club do you want to join?
何のクラブに入りたい？

⑤ Why?
なぜ？

⑥ Do you like science?
科学が好きですか？

⑦ What do you want to be?
何になりたいの？

⑧ Do you like animals?
動物が好き？

⑨ How about you, Moe?
モエ，あなたはどう？

⑩ Are you in a club now?
いまクラブに入ってるの？

⑪ What subject do you like?
何の教科が好き？

⑫ Really? It's great.
まじで？　すごいね

⑬ What do you want to be?
何になりたいの？

① Hi.
やぁ

② It's amazing.
いいね

③ No, I'm not.
いいえ

④ I want to join the science club.
科学クラブに入りたいな

⑤ I want to study science.
科学を勉強したいです

⑥ Yes, I do.
はい

⑦ I want to be a vet.
じゅう医になりたいです

⑧ Yes. I want to help animals.
はい　動物を助けたいの

⑨ I want to join the tennis club.
テニス部に入りたいな

⑩ No, I'm not.
いいえ

⑪ I like English.
私は英語が好きです

⑫ I want to study English.
英語を勉強したいです

⑬ I want to be an English teacher.
英語の先生になりたいです

Self-evaluation

項目	（できた）	評価	（できなかった）
相手が理解しやすいように表現を選びながらやり取りすることができた。	4	3	2	1
会話が続くように質問を入れたり，相づちを入れたりすることができた。	4	3	2	1
相手の発表に対してリアクションを心がけた。	4	3	2	1

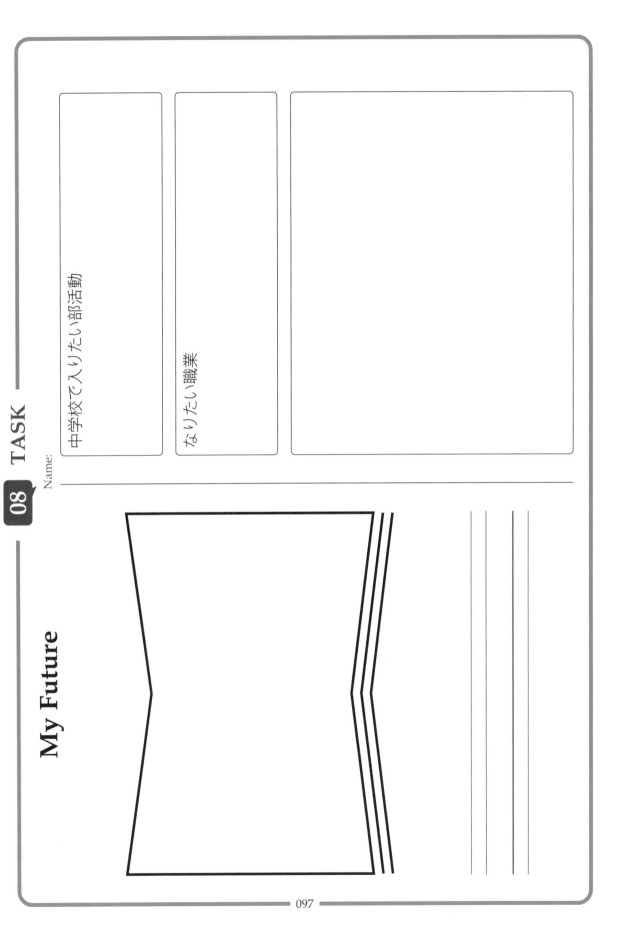

Chapter 4

第5・6学年 Survival English & 学期末のタスク活動アイデア

01 【第5学年1学期】好きなものや宝物などについて紹介し合おう
p.100

02 【第5学年2学期】この町のよさを知ってもらおう
p.103

03 【第5学年3学期】日本のよさを知ってもらおう
p.106

04 【第6学年1学期】私の最近のニュース
p.109

05 【第6学年2学期】地球のためにできること
p.112

06 【第6学年3学期】卒業に向けて
p.115

第5学年
1学期
01 好きなものや宝物などについて紹介し合おう

授業のねらい

単元目標として、「自分のことを伝えるために、名前や誕生日、好きなことやできることなどについて、内容を整理したうえで考えや気持ちなどを発表することができる。」を想定している。

5年最初のUnit1で自己紹介を行っているが、その時に学習した内容をさらに膨らませて表現するなどの工夫を指導したい。

単元指導計画（全2時間）

時間	授業内容
第1時	今まで学習したSurvival Englishを振り返りながら、使えそうな表現を見つけ、TASKシートを完成させる。 完成したTASKシートをもとに、児童同士で練習をする。
第2時	【学期末のタスク活動】ALTとのパフォーマンステスト

学期末のタスク活動

□活動概要

この活動ではALTを相手に自己紹介をするものであるが、TASKシートを見せながら伝えたり、ICTを活用して提示したりしながら伝えることができる。評価としては、話すこと［発表］であるが、提示されたものを見て、ALTからの質問を受けるやり取りがあることが自然であるため、［やり取り］として評価することも可能である。

□活動の流れ

❶ 意識することを確認する（ジェスチャーやアイコンタクトなど）
❷ 教師がモデルを提示する
❸ ペアで練習する
❹ ALTとパフォーマンステストをする
❺ 各自で振り返る（それぞれのパフォーマンステストの映像があるとよい）

□評価規準例

観点	知識・技能	思考・判断・表現	主体的に学習に取り組む態度
話すこと［発表］	〈知識〉【名前や好きなもの・こと，誕生日や欲しいもの，できることなどを伝える表現や関連語句など】について理解している。 〈技能〉自分の好きなことやできることなどについて，【同上】を用いて，考えや気持ちなどを話す技能を身につけている。	自分のことを伝えるために，自分の好きなことやできることなどについて，内容を整理したうえで，簡単な語句や基本的な表現を用いて考えや気持ちなどを話している。	自分のことを伝えるために，自分の好きなことやできることなどについて，内容を整理したうえで，簡単な語句や基本的な表現を用いて考えや気持ちなどを話そうとしている。

□ルーブリック　話すこと［発表］

観点	知識・技能	思考・判断・表現	主体的に学習に取り組む態度
A	Bに加えて，今までに学んだ簡単な語句や基本的な表現を入れて，十分に正しく話すことができる。	自分のことをよく伝えるために好きなことやできることなどについて，伝える内容や順番などを十分に整理したうえで話すことができる。	自分のことをよく伝えるために，アイコンタクトやリアクションなど相手を意識して十分に分かりやすく話すことができる。
B	①名前やつづり，好きなもの・こと ②誕生日や欲しいもの ③できること について，おおむね正しく話すことができる。	自分のことをよく伝えるために好きなことやできることなどについて，伝える内容や順番などを整理したうえで話すことができる。	自分のことをよく伝えるために，アイコンタクトやリアクションなど相手を意識して分かりやすく話すことができる。
C	Bに満たない。	Bに満たない。	Bに満たない。

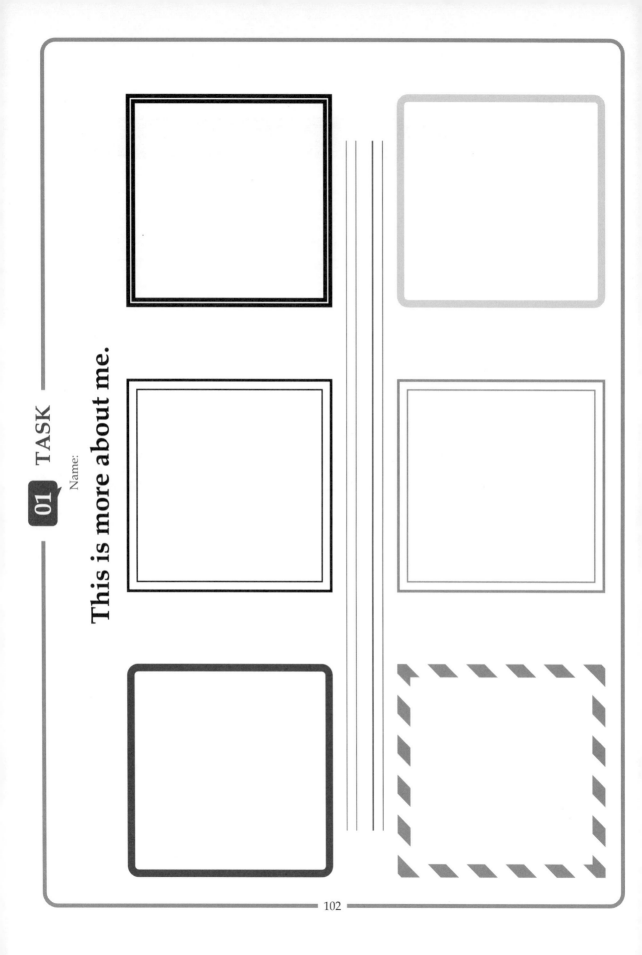

01 TASK

Name:

This is more about me.

02 この町のよさを知ってもらおう

第5学年 2学期

授業のねらい

単元目標として、「自分たちが暮らす地域のよさを知ってもらうために、地域にあるものや食べ物、身近な人などについて、内容を整理したうえで考えや気持ちなどを発表することができる。」を想定している。

より魅力的なプレゼンテーションになるように、写真やイラストなどを取り入れたものを提示して発表させたい。

単元指導計画（全2時間）

時間	授業内容
第1時	今まで学習した Survival English を振り返りながら、使えそうな表現を見つけ、TASK シートを完成させる。 完成した TASK シートをもとに、児童同士で練習をする。
第2時	【学期末のタスク活動】ALT とのパフォーマンステスト

学期末のタスク活動

□活動概要

この活動では ALT を相手に自分の住んでいる町を紹介するものであるが、TASK シートを見せながら伝えたり、ICT を活用して提示したりしながら伝えることができる。評価としては、話すこと［発表］であるが、提示されたものを見て、ALT からの質問を受けるやり取りがあることが自然であるため、［やり取り］として評価することも可能である。

□活動の流れ

❶ 意識することを確認する（ジェスチャーやアイコンタクトなど）
❷ 教師がモデルを提示する
❸ ペアで練習する
❹ ALT とパフォーマンステストをする
❺ 各自で振り返る（それぞれのパフォーマンステストの映像があるとよい）

□評価規準例

観点	知識・技能	思考・判断・表現	主体的に学習に取り組む態度
話すこと［発表］	〈知識〉【地域にあるものや食べ物，身近な人などを紹介する表現や関連語句など】について理解している。 〈技能〉自分が暮らす地域のよさについて，【同上】を用いて，考えや気持ちなどを話す技能を身につけている。	自分たちが暮らす地域のよさを知ってもらうために，地域にあるものや食べ物，身近な人などについて，内容を整理したうえで，簡単な語句や基本的な表現を用いて考えや気持ちなどを話している。	自分たちが暮らす地域のよさを知ってもらうために，地域にあるものや食べ物，身近な人などについて，内容を整理したうえで，簡単な語句や基本的な表現を用いて考えや気持ちなどを話そうとしている。

□ルーブリック　話すこと［発表］

観点	知識・技能	思考・判断・表現	主体的に学習に取り組む態度
A	Bに加えて，今までに学んだ簡単な語句や基本的な表現を入れて，十分に正しく話すことができる。	自分たちが暮らす地域のよさを知ってもらうために，地域にあるものや食べ物，身近な人などについて，内容を十分に整理したうえで自分の考えや気持ちなどを話すことができる。	自分たちが暮らす地域のよさを知ってもらうために，資料を工夫したり，アイコンタクトやリアクションなど相手を意識して十分に分かりやすく話すことができる。
B	①身近な人 ②おすすめの場所 ③食べ物 について，おおむね正しく話すことができる。	自分たちが暮らす地域のよさを知ってもらうために，地域にあるものや食べ物，身近な人などについて，内容を整理したうえで自分の考えや気持ちを話すことができる。	自分たちが暮らす地域のよさを知ってもらうために，資料を工夫したり，アイコンタクトやリアクションなど相手を意識して分かりやすく話すことができる。
C	Bに満たない。	Bに満たない。	Bに満たない。

02 TASK

Name:

Our Great Town

第5学年 3学期

03 日本のよさを知ってもらおう

授業のねらい

　単元目標として，「日本の魅力を伝えるために，紹介したい都道府県や各地にゆかりのある（有名）人などについて，内容を整理したうえで考えや気持ちなどを発表することができる。」を想定している。

　より魅力的なプレゼンテーションになるように，写真やイラストなどを取り入れたものを提示して発表させたい。

単元指導計画（全2時間）

時間	授業内容
第1時	今まで学習した Survival English を振り返りながら，使えそうな表現を見つけ，TASK シートを完成させる。 完成した TASK シートをもとに，児童同士で練習をする。
第2時	【学期末のタスク活動】ALT とのパフォーマンステスト

学期末のタスク活動

□活動概要

　この活動では ALT を相手に日本のよさを紹介するものであるが，TASK シートを見せながら伝えたり，ICT を活用して提示したりしながら伝えることができる。評価としては，話すこと［発表］であるが，提示されたものを見て，ALT からの質問を受けるやり取りがあることが自然であるため，［やり取り］として評価することも可能である。

□活動の流れ

　❶ 意識することを確認する（ジェスチャーやアイコンタクトなど）
　❷ 教師がモデルを提示する
　❸ ペアで練習する
　❹ ALT とパフォーマンステストをする
　❺ 各自で振り返る（それぞれのパフォーマンステストの映像があるとよい）

□評価規準例

観点	知識・技能	思考・判断・表現	主体的に学習に取り組む態度
話すこと[発表]	〈知識〉【行きたい場所やしたいこと，その場所に関連した人などを伝える表現や関連語句など】について理解している。 〈技能〉日本の魅力や各地にゆかりのある（有名）人について，【同上】を用いて，考えや気持ちなどを話す技能を身につけている。	日本の魅力を伝えるために，紹介したい都道府県や各地にゆかりのある（有名）人などについて，内容を整理したうえで，簡単な語句や基本的な表現を用いて考えや気持ちなどを話している。	日本の魅力を伝えるために，紹介したい都道府県や各地にゆかりのある（有名）人などについて，内容を整理したうえで，簡単な語句や基本的な表現を用いて考えや気持ちなどを話そうとしている。

□ルーブリック　話すこと［発表］

観点	知識・技能	思考・判断・表現	主体的に学習に取り組む態度
A	Bに加えて，今までに学んだ簡単な語句や基本的な表現を入れて，十分に正しく話すことができる。	日本の魅力を伝えるために，紹介したい都道府県や各地にゆかりのある（有名）人などについて，内容を十分に整理したうえで自分の考えや気持ちなどを話すことができる。	日本の魅力を伝えるために，資料を工夫したり，アイコンタクトやリアクションなど相手を意識して十分に分かりやすく話すことができる。
B	①行きたい場所やしたいこと ②各地にゆかりのある（有名）人 について，おおむね正しく話すことができる。	日本の魅力を伝えるために，紹介したい都道府県や各地にゆかりのある（有名）人などについて，内容を整理したうえで自分の考えや気持ちを話すことができる。	日本の魅力を伝えるために，資料を工夫したり，アイコンタクトやリアクションなど相手を意識して分かりやすく話すことができる。
C	Bに満たない。	Bに満たない。	Bに満たない。

03 TASK

Name:

Our Great Japan

第6学年 1学期

04 私の最近のニュース

授業のねらい

単元目標として、「自分のことを伝えるために、日常生活や最近の出来事について、内容を整理したうえで考えや気持ちなどを発表することができる。」を想定している。

より魅力的なプレゼンテーションになるように、写真やイラストなどを取り入れたものを提示して発表させたい。

単元指導計画（全2時間）

時間	授業内容
第1時	今まで学習した Survival English を振り返りながら、使えそうな表現を見つけ、TASK シートを完成させる。 完成した TASK シートをもとに、児童同士で練習をする。
第2時	【学期末のタスク活動】ALT とのパフォーマンステスト

学期末のタスク活動

□活動概要

この活動では ALT を相手に自分に関する最近のニュースを紹介するものであるが、TASK シートを見せながら伝えたり、ICT を活用して提示したりしながら伝えることができる。評価としては、話すこと［発表］であるが、提示されたものを見て、ALT からの質問を受けるやり取りがあることが自然であるため、［やり取り］として評価することも可能である。

□活動の流れ

❶ 意識することを確認する（ジェスチャーやアイコンタクトなど）
❷ 教師がモデルを提示する
❸ ペアで練習する
❹ ALT とパフォーマンステストをする
❺ 各自で振り返る（それぞれのパフォーマンステストの映像があるとよい）

□評価規準例

観点	知識・技能	思考・判断・表現	主体的に学習に取り組む態度
話すこと［発表］	〈知識〉【好きなものや宝物，一日の生活，したことなどを伝える表現や関連語句など】について理解している。〈技能〉日常生活や最近の出来事について，【同上】を用いて，考えや気持ちなどを話す技能を身につけている。	自分のことを伝えるために，日常生活や最近の出来事について，内容を整理したうえで，簡単な語句や基本的な表現を用いて考えや気持ちなどを話している。	自分のことを伝えるために，日常生活や最近の出来事について，内容を整理したうえで，簡単な語句や基本的な表現を用いて考えや気持ちなどを話そうとしている。

□ルーブリック　話すこと［発表］

観点	知識・技能	思考・判断・表現	主体的に学習に取り組む態度
A	Bに加えて，今までに学んだ簡単な語句や基本的な表現を入れて，十分に正しく話すことができる。	自分のことを伝えるために，日常生活や最近の出来事などについて，伝える内容や順番などを十分に整理したうえで話すことができる。	自分のことを伝えるために，アイコンタクトやリアクションなど相手を意識して十分に分かりやすく話すことができる。
B	①好きなものや宝物 ②日常生活，習慣 ③最近の出来事 について，おおむね正しく話すことができる。	自分のことを伝えるために，日常生活や最近の出来事などについて，伝える内容や順番などを整理したうえで話すことができる。	自分のことを伝えるために，アイコンタクトやリアクションなど相手を意識して分かりやすく話すことができる。
C	Bに満たない。	Bに満たない。	Bに満たない。

TASK 04

Name:

What's New with Me

第6学年 2学期
05 地球のためにできること

授業のねらい

単元目標として、「地球に対する自分の考えを伝えるために、生き物や地球が直面する問題や、自分たちができることについて、内容を整理したうえで考えや気持ちなどを発表することができる。」を想定している。

前時までのUnitでは、絶滅危惧種の動植物や海外の国々について学んでおり、さらに社会科などの他教科との関連も含めた内容にしたい。

単元指導計画（全2時間）

時間	授業内容
第1時	今まで学習したSurvival Englishを振り返りながら、使えそうな表現を見つけ、TASKシートを完成させる。 完成したTASKシートをもとに、児童同士で練習をする。
第2時	【学期末のタスク活動】ALTとのパフォーマンステスト

学期末のタスク活動

□活動概要

この活動ではALTを相手に地球のためにできることを紹介するものであるが、TASKシートを見せながら伝えたり、ICTを活用して提示したりしながら伝えることができる。評価としては、話すこと［発表］であるが、提示されたものを見て、ALTからの質問を受けるやり取りがあることが自然であるため、［やり取り］として評価することも可能である。

□活動の流れ

❶ 意識することを確認する（ジェスチャーやアイコンタクトなど）
❷ 教師がモデルを提示する
❸ ペアで練習する
❹ ALTとパフォーマンステストをする
❺ 各自で振り返る（それぞれのパフォーマンステストの映像があるとよい）

□評価規準例

観点	知識・技能	思考・判断・表現	主体的に学習に取り組む態度
話すこと［発表］	〈知識〉【生き物や地球のためにできることなどを伝える表現や関連語句など】について理解している。 〈技能〉生き物や地球が直面する問題や，自分たちができることについて，【同上】を用いて，考えや気持ちなどを話す技能を身につけている。	地球に対する自分の考えを伝えるために，生き物や地球が直面する問題や，自分たちができることについて，内容を整理したうえで，簡単な語句や基本的な表現を用いて考えや気持ちなどを話している。	地球に対する自分の考えを伝えるために，生き物や地球が直面する問題や，自分たちができることについて，内容を整理したうえで，簡単な語句や基本的な表現を用いて考えや気持ちなどを話そうとしている。

□ルーブリック　話すこと［発表］

観点	知識・技能	思考・判断・表現	主体的に学習に取り組む態度
A	Bに加えて，今まで学んだ簡単な語句や基本的な表現を入れて，十分に正しく話すことができる。	地球に対する自分の考えを伝えるために，生き物や地球が直面する問題や，自分たちができることについて，伝える内容や順番などを十分に整理したうえで話すことができる。	地球に対する自分の考えを伝えるために，アイコンタクトやリアクションなど相手を意識して十分に分かりやすく話すことができる。
B	①生き物や地球が直面する問題 ②自分たちができることについて，おおむね正しく話すことができる。	地球に対する自分の考えを伝えるために，生き物や地球が直面する問題や，自分たちができることについて，伝える内容や順番などを整理したうえで話すことができる。	地球に対する自分の考えを伝えるために，アイコンタクトやリアクションなど相手を意識して分かりやすく話すことができる。
C	Bに満たない。	Bに満たない。	Bに満たない。

05 TASK

Name:

Help the Earth

第6学年
3学期
06 卒業に向けて

授業のねらい

　単元目標として、「卒業にあたっての自分の思いを伝えるために、小学校生活の思い出や将来の夢について、内容を整理したうえで考えや気持ちなどを発表することができる。」を想定している。

　小学校で学習したことを総動員して取り組むことになる。ここで将来の夢を問うと、固有名詞で答える想定となり、そのことが難しい児童がいる場合には、「将来どういう大人でありたいか」という問い方をしてもよい。そうした場合の表現について、全体で確認をしてもよい。

単元指導計画（全2時間）

時間	授業内容
第1時	今まで学習した Survival English を振り返りながら、使えそうな表現を見つけ、TASK シートを完成させる。 完成した TASK シートをもとに、児童同士で練習をする。
第2時	【学期末のタスク活動】ALT とのパフォーマンステスト

学期末のタスク活動

□活動概要

　この活動では ALT を相手に卒業に向けての思いを紹介するものであるが、TASK シートを見せながら伝えたり、ICT を活用して提示したりしながら伝えることができる。評価としては、話すこと［発表］であるが、提示されたものを見て、ALT からの質問を受けるやり取りがあることが自然であるため、［やり取り］として評価することも可能である。

□活動の流れ

　❶ 意識することを確認する（ジェスチャーやアイコンタクトなど）
　❷ 教師がモデルを提示する
　❸ ペアで練習する
　❹ ALT とパフォーマンステストをする
　❺ 各自で振り返る（それぞれのパフォーマンステストの映像があるとよい）

□評価規準例

観点	知識・技能	思考・判断・表現	主体的に学習に取り組む態度
話すこと［発表］	〈知識〉【出来事やその感想，したいことなどを伝える表現や関連語句など】について理解している。〈技能〉小学校生活の思い出や将来の夢について，【同上】を用いて，考えや気持ちなどを話す技能を身につけている。	卒業にあたっての自分の思いを伝えるために，小学校生活の思い出や将来の夢について，内容を整理したうえで，簡単な語句や基本的な表現を用いて考えや気持ちなどを話している。	卒業にあたっての自分の思いを伝えるために，小学校生活の思い出や将来の夢について，内容を整理したうえで，簡単な語句や基本的な表現を用いて考えや気持ちなどを話そうとしている。

□ルーブリック　話すこと［発表］

観点	知識・技能	思考・判断・表現	主体的に学習に取り組む態度
A	Bに加えて，今までに学んだ簡単な語句や基本的な表現を入れて，十分に正しく話すことができる。	卒業にあたっての自分の思いを伝えるために，小学校生活の思い出や将来の夢について，伝える内容や順番などを十分に整理したうえで話すことができる。	卒業にあたっての自分の思いを伝えるために，アイコンタクトやリアクションなど相手を意識して十分に分かりやすく話すことができる。
B	①小学校生活の一番の思い出②中学校で入りたい部活動③将来の夢について，おおむね正しく話すことができる。	卒業にあたっての自分の思いを伝えるために，小学校生活の思い出や将来の夢について，伝える内容や順番などを整理したうえで話すことができる。	卒業にあたっての自分の思いを伝えるために，アイコンタクトやリアクションなど相手を意識して分かりやすく話すことができる。
C	Bに満たない。	Bに満たない。	Bに満たない。

06 TASK

Getting Ready for Graduation

NAME

Birthday

My favorites

Club in junior high school

My best memory

My dream

【著者紹介】
野坂　良太（のさか　りょうた）
周南市教育委員会学校教育課指導主事。
大学卒業後，2009年より山口県周南市立岐陽中学校に着任。同市立住吉中学校，富田中学校を経て，2020年より現職。周南市立住吉中学校在籍時の2016年に第66回全国英語教育研究大会（全英連山口大会）で，授業実演を行う。授業実演までに3年間をかけ，「アクティブ・ラーニングをベースとした学習指導の工夫〜『聞くこと・話すこと』の領域を重視した取組〜」について研究。2018年，やまぐち総合教育支援センターにて，長期研修教員として「即興的なコミュニケーション能力を育てる中学校外国語科の授業に関する研究」をテーマに研究・実践した。著書に『授業をグーンと楽しくする英語教材シリーズ47　中学校英語　帯活動＆単元末タスク活動アイデアワーク』がある。

授業をグーンと楽しくする英語教材シリーズ50
小学校英語
帯活動＆単元・学期末のタスク活動アイデアワーク

2025年2月初版第1刷刊	Ⓒ著　者	野　坂　良　太
	発行者	藤　原　光　政
	発行所	明治図書出版株式会社

http://www.meijitosho.co.jp
（企画）木山麻衣子　（校正）有海有理
〒114-0023　東京都北区滝野川7-46-1
振替00160-5-151318　電話03(5907)6702
ご注文窓口　電話03(5907)6668

＊検印省略　　　　組版所　広研印刷株式会社

本書の無断コピーは，著作権・出版権にふれます。ご注意ください。
教材部分は，学校の授業過程での使用に限り，複製することができます。

Printed in Japan　　　　　ISBN978-4-18-397928-5
もれなくクーポンがもらえる！読者アンケートはこちらから
→

小学校英語サポートBOOKS
教師1年目から使える！
英語授業アイテム＆ゲーム100

増渕 真紀子 著

先生が楽しんで授業できる、英語が苦手でも簡単に授業できるアイテムからワクワクするクイズやゲームまでを100個集めました！3年から6年の外国語活動や外国語の授業で1年間大活躍すること間違いなし！の教材や言語活動が満載の1冊です！【ダウンロード特典あり】

B5判/128ページ/2,486円 (10%税込)/図書番号 2777

小学校英語サポートBOOKS
教師1年目からできる！
英語授業アイテム＆アイデア

増渕 真紀子 著

3年から6年の外国語活動や外国語の全単元の授業をまるごとサポートするアイテムを集めました！授業の流れ、教材活用のポイントも詳しく紹介。子どもが友達と楽しめて英語力がつく授業がすぐにできます。1年間大活躍の教材や活動が満載です！【ダウンロード特典あり】

B5判/136ページ/2,530円 (10%税込)/図書番号 4777

小学校英語サポートBOOKS
[イラスト図解]
教師1年目から使える！
英語授業スキル

増渕 真紀子 著

英語教師として知っておきたい基本的な指導理論から場面別の指導スキル（導入、インプット、言語材料紹介、やり取り、振り返り、パフォーマンステスト、ALTとの授業、発問、板書など）まで、かわいいイラスト図解とともに大切なポイントをわかりやすくご紹介します！

A5判/168ページ/2,376円 (10%税込)/図書番号 1123

明治図書　携帯・スマートフォンからは　明治図書ONLINEへ　書籍の検索、注文ができます。

http://www.meijitosho.co.jp　＊併記4桁の図書番号（英数字）で、HP、携帯での検索・注文が簡単に行えます。

〒114-0023　東京都北区滝野川7-46-1　ご注文窓口　TEL 03-5907-6668　FAX 050-3383-4991